PODER INFINITO
PARA
VIVIR MEJOR

PODER INFINITO
PARA
VIVIR MEJOR

Dr. Joseph Murphy

Doctor en filosofía, en Derecho, en Teología, en Religión y Espiritualismo y Miembro de la Universidad Andhra de Investigación

AUTOR DEL PODER DE LA MENTE SUBCONSCIENTE

Publicado por la
Universidad Andhra de Investigación

Título del original:
Infinite Power for Richer Living.

Traducción al español por:
Lilian Himelfarb de Frid de la edición en inglés de Parker Publishing Company, Inc. West Nyack, Nueva York, U.S.A.

3ra. reimpresión: noviembre de 2022.

ISBN: 638-4826-570

Impreso en México.
Printed in Mexico

LO QUE ESTE LIBRO PUEDE HACER POR USTED

Existe un Poder Infinito en su interior que lo puede elevar, curar, inspirar, guiar, dirigir y colocar en el camino fácil hacia la felicidad, libertad, paz mental y la alegría de una vida llena de satisfacciones y prosperidad.

En muchos países del mundo, basándome en mis conferencias y discursos, he observado una gran diferencia entre personas de todas las esferas sociales. Algunas son felices, están contentas, tienen éxito y son prósperas; mientras que otras son desdichadas, se sienten frustradas y no pueden solventar sus gastos.

Enormes cantidades de personas de todas las condiciones sociales van hacia adelante dia tras dia, logrando y realizando hazañas grandiosas. Están animadas, son fuertes y sanas y contribuyen con incontables bendiciones a la humanidad. Parecen estar impregnadas o poseídas por alguna fuerza primordial que trabaja constantemente en su beneficio.

Sin embargo, existen cantidades innumerables de personas que llevan, en silenciosa desesperación, vidas mediocres, aburridas y llenas de preocupaciones. No parecen tener la capacidad de hacer frente, triunfal y victoriosamente, a los retos de la vida para obtener sus recompensas llenas de satisfacciones.

POR QUE NECESITA ESTE LIBRO

Este libro le enseña cómo hacer frente a las frustraciones y a los problemas de la vida y cómo superarlos. Cada capítulo le revela que todo problema es siempre resuelto en forma Divina, le muestra cómo sobreponerse con firmeza y en forma triunfante al problema y lo encamina hacia el amanecer de un nuevo día y una vida satisfactoria.

Este libro explica cómo ponerse en contacto con el Poder Infinito que existe dentro de usted y le proporciona las técnicas específicas para ponerlo en práctica.

Mi propósito explícito al escribir este libro es el de enseñarle al lector cómo unirse y comunicarse con el Poder Infinito y cómo usar este Poder en su vida cotidiana. En cada página he tratado de explicar, en el idioma más sencillo y directo posible, los grandes poderes básicos, fundamentales e ilimitados de su mente.

Le recomiendo que estudie este libro con sinceridad y que aplique las muchas técnicas efectivas sugeridas y programadas en éste. Conforme lo vaya llevando a cabo, estoy convencido de que su contacto mental y su comunicación con este Poder Infinito en su interior lo harán elevarse, con confianza, sobre confusiones, miserias, melancolías y fracasos.

Este Poder Infinito lo guiará infaliblemente hacia su lugar verdadero, solucionará sus problemas y dificultades, lo hará romper en forma definitiva con condiciones de carencia y limitación y lo pondrá en el camino hacia aspectos más elevados para vivir gloriosa y serenamente.

LO QUE LOS PODERES INFINITOS DE LA MENTE HAN HECHO PARA OTROS

He enseñado y escrito, aquí y en el extranjero, acerca de los poderes milagrosos de la mente durante más de treinta años. He sido testigo de los siguientes cambios en las vidas de innumerables personas, quienes utilizaron los Poderes Infinitos de sus mentes con sinceridad:

Riqueza en abundancia
Nuevos amigos y maravillosos compañeros en la vida
Protección de todo tipo de peligros

Curación de males supuestamente incurables
Libertad de autocondena y autocrítica
Aclamación, honor y reconocimiento públicos
Nueva vitalidad y entusiasmo por la vida
Paz y felicidad marital donde había discordia
Serenidad en este mundo cambiante
Y, sobre todo, el regocijo de oraciones que son contes-(tadas

Este poder milagroso funciona en todas las esferas sociales y en todos los niveles

Según mis observaciones y mi experiencia, los hombres, mujeres y adolescentes que emplean este Poder provienen de todas las esferas sociales y pertenecen a todas las categorías de ingresos. Son estudiantes de preparatorias y universidades, secretarias, choferes de carros de alquiler, profesores universitarios, científicos espaciales, químicos, farmacéuticos, banqueros, doctores en medicina, quiroprácticos, amas de casa, telefonistas, directores de películas, actrices y choferes de camiones. Estas personas han descubierto este Poder misterioso pero intensamente real que los ha hecho recuperarse del fracaso, miseria, carencia y desesperación, y en muchos casos "en un abrir y cerrar de ojos", como dijo San Pablo, solucionó sus problemas, enjugó sus lágrimas, los liberó de compromisos emocionales y financieros, y los colocó sobre el camino fácil hacia la liberación de cargas frustrantes y les dio fama, fortuna y nuevas oportunidades gloriosas de una vida mejor. Además, todas estas personas descubrieron un mágico amor curativo que sanó sus corazones rotos y heridos y restauró sus almas para llevar una vida perfecta.

CARACTERISTICAS UNICAS DE ESTE LIBRO

La característica única de este libro es su sentido práctico y realista y su utilidad diaria. Aprenderá a emplear su extraordinaria habilidad innata para visualizar hechos futuros y reconocer la voz de la intuición que lo guiará así en su beneficio.

Cómo el poder de la mente le revela soluciones por medio de sueños

El significado de experiencias no corporales, la clarividencia viajera y lo que significa, cómo hacer que la percepción extrasensorial funcione para usted, y muchos otros poderes extraordinarios de su mente le son revelados en las siguientes páginas.

COMO PERMITIR QUE SE REALICEN MILAGROS EN SU VIDA

Las verdades más grandes en la vida, surten efecto, son las más sencillas. En este libro, he presentado estas grandes verdades con la máxima sencillez y claridad dramática. Aquí le muestro cómo elevarse sobre cualquier problema que pueda tener, y cómo recibir orientación y las bendiciones de la oración que ha sido contestada.

Cada día de su vida será más rico, más grandioso, más noble y más maravilloso, conforme siga las técnicas específicas presentadas en este libro para liberar este Poder Infinito Escondido en su interior para todo lo que es bueno. Siga las instrucciones y utilice este Poder Infinito y atraerá una abundancia de todo lo bueno de la vida.

Empiece ahora, con este libro, para liberar el esplendor que se encuentra aprisionado en su interior, y permita que la maravilla de todo lo que es bueno y satisfactorio suceda en su vida.

JOSEPH MURPHY

UNO

COMO PUEDE EL PODER INFINITO PROPORCIONARLE UNA NUEVA VIDA EMOCIONANTE Y RICA

Este libro está diseñado con el fin de informarle acerca del Poder Infinito que se encuentra en su interior, el cual le puede elevar sobre la enfermedad, melancolía, fracaso y frustración y colocarle en el camino hacia la salud, felicidad, abundancia y seguridad. He presenciado transformaciones milagrosas de hombres y mujeres de todas las esferas sociales, en todo el mundo, cuando empezaron a hacer contacto con este Poder Infinito en su interior y aprendieron a liberarlo.

Hace algunos meses estuve en un hospital conversando durante dos horas con un alcohólico que se encontraba en las profundidades de la desesperación. Empezó a emplear este Poder y, como resultado, en la actualidad es fuerte, vital y feliz y maneja un negocio próspero. Al igual que Pablo en la Biblia cambió "en un abrir y cerrar de ojos" y el Poder Infinito de Curación empezó a fluir en su interior. Sus problemas se desvanecieron y la paz inundó su mente preocupada, y regresó con su esposa y sus hijos.

Este Poder Infinito se encuentra positiva, definitiva y absolutamente en su interior en espera de ser liberado. Este Poder puede transformar su vida en forma tan completa, tan radical y tan maravillosa que es posible que después de unas cuantas semanas o meses sus amigos íntimos no lo reconozcan. En este libro se escribe sobre un criminal convicto que había asesinado a varias personas y quien en la actualidad es un hombre de Dios dedicado a ayudar a otros a vivir la vida gloriosa y pacíficamente. Este hombre me dijo: "Un mes después de haber empezado a hacer contacto con este Poder Infinito del que usted me habló, me ví en el espejo y de repente, me dí cuenta de que no era el mismo. No puedo repetir ninguno de mis crímenes anteriores". Luego agregó: "Empiezo a preguntarme si yo pude haber sido asesino". Este hombre había descubierto el Poder en su interior, el cual es capaz de abrir hasta las puertas de la prisión, y el cual lo liberó. La Presencia Infinita de Curación le restauró su alma. La Biblia dice: *"Confortará mi alma"* (Salmos 23:3).

Este misterioso Poder Infinito también puede realizar milagros para usted. Conforme usted estudie este capítulo y los siguientes, se dará cuenta de que dirigirá el flujo de este Poder para estar en condiciones de recibir nuevas ideas que valen una fortuna. Lo único que necesita es tener una mente abierta y el deseo de llevar una vida llena, feliz, estimulante y abundante.

COMO PUEDE ESTE PODER INFINITO REALIZAR MILAGROS EN SU VIDA

¿Por qué algunas personas son felices y prósperas y tienen éxito, mientras que otras son pobres y desdichadas? ¿Por qué algunas personas tienen fe y confianza y viven con la esperanza de realizar sus anhelos, adquiriendo riquezas y subiendo constantemente por la escalera del éxito, mientras que otras tienen miedo, están preocupadas y deprimidas y se han convertido en personas fracasadas? ¿Por qué vive un hermano en una hermosa mansión, mientras que el otro pasa su vida en una casa muy pobre sin poder solventar sus gastos?

La razón de esta diferencia radica en que aquellos que llevan vidas excitantes, llenas de aventuras, creativas y tienen éxito *han estado utilizando el Poder Infinito.* Puesto que es el uso de este Poder Místico lo que trae la vitalidad, prosperidad, placer y riquezas que usted necesita.

COMO PUEDE UTILIZAR ESTE PODER EXTRAORDINARIO

A través del tiempo, los hombres y mujeres han estado descubriendo un Poder Infinito que les reveló sus talentos escondidos; recibieron inspiración de las Alturas, además de conocimiento original, glorioso y maravilloso del Almacén Infinito que se encuentra en su interior. Este Poder le puede proporcionar la sabiduría, el poder y la dinámica necesarios para alcanzar las metas que usted ha elegido. Este libro le enseña cómo dirigir este Poder para su mejoramiento y bienestar; todo lo que tiene que hacer es cooperar con dicho Poder y unirse a El.

Usted puede usar este Poder Infinito para atraer al socio ideal en los negocios y encontrar amigos adecuados; le puede proporcionar el hogar ideal. Puede prosperar más allá de sus sueños más preciados y descubrir el placer. y la libertad de ser, hacer, y viajar lo que usted desee.

POR QUE ESCRIBI ESTE LIBRO

La razón por la que escribí este libro es para que el Poder Primordial que es el Poder de Dios sea comprensible y esté a disposición de todos los hombres y mujeres. Su derecho de nacimiento otorgado por Dios es contactar y utilizar este Poder y permitirle fluir en su mente, cuerpo, negocio y todos sus asuntos para que pueda elevarse triunfante hacia el campo mental de dominio, placer y una vida mejor.

Qué ha hecho este poder milagroso por otros

Este libro muestra cómo hombres y mujeres de todas las esferas sociales han encontrado la Curación Milagrosa para las supuestas enfermedades incurables, soluciones de problemas serios de negocios, armonía en relaciones familiares, métodos para prevenir tragedias, y el empleo de la clariaudición para salvar la vida de un hombre. Estas personas han descubierto cómo la precognición le ayudó a un hombre a amasar una fortuna, cómo la tranquilidad y la serenidad sustituyeron la agitación en una mente, cómo atraer a la Pareja Ideal de la vida, cómo una película mental produjo un millón de dólares, y cómo convertir un fracaso en éxito.

Este libro tiene características únicas y extraordinarias

Todos los métodos necesarios para usar el Poder Infinito que se encuentra en su interior se muestran por medio de técnicas y fórmulas prácticas y sencillas, las cuales pueden aplicarse fácilmente en su vida cotidiana. No sólo contesta preguntas, sino que proporciona soluciones para problemas personales, como por ejemplo: Cómo adquirir confianza y aplomo, cómo orar para tener éxito en los negocios o en una profesión, cómo utilizar la percepción extrasensorial para bendecirse a sí mismo y a otro, cómo recibir orientación Divina, cómo cooperar con el doctor y cómo orar en forma efectiva. Este libro expone la razón por la cual ha orado y aparentemente no ha recibido contestaciones, y cómo pedir y reconocer la orientación Divina. Todo lo que se necesita para usar los enormes poderes del Infinito en forma instantánea se encuentra aquí explicado de manera completamente clara y factible.

Cómo puede empezar a llevar una nueva vida llena de satisfacciones

Todo mundo desea tener salud, felicidad, seguridad, paz mental, y no obstante, muchos piensan que "es demasiado bueno para que se haga realidad". Sin embargo, nada es demasiado bueno para convertirse en realidad, nada es demasiado maravilloso para perdurar, puesto que el Poder, la Sabiduría y la Gloria de Dios son las mismas de ayer, hoy y siempre y se encuentran rápidamente al alcance de todos.

Transformar toda su vida ahora está dentro de sus capacidades; su sencillez es sorprendente a impresionante. Usted leerá en este libro cómo un hombre convirtió toda una vida llena de fracasos en éxito a la edad de cincuenta años; *usted* puede hacer lo mismo. Usted leerá cómo una mujer de cuarenta años de edad descubrió la clave de la popularidad instantánea y del matrimonio. Permita que el amor realice milagros para *usted* también.

COMO DESCUBRIO UN BOTONES LA CLAVE PARA OBTENER UNA PROMOCION INMEDIATA

Durante uno de mis viajes, dí una conferencia en Ottawa, Canadá. Después del discurso, un joven conversó conmigo y me platicó que él había sido un botones en la ciudad de Nueva York durante dos años y que un huésped del hotel le había obsequiado un libro de bolsillo intitulado *"El Poder de Su Mente Subconsciente"*.[1] Lo leyó cuatro veces y siguiendo sus indicaciones empezó a repetir lo siguiente antes de dormir: "La promoción es mía ahora". Todas las noches se quedaba dormido con estas palabras, y al final de aproximadamente dos semanas fue promovido a Subgerente y seis meses después a Gerente General, de una cadena de hoteles. Estaba consciente de que el poder que fluía en su interior era de Dios. Me dijo: "Y pensar que durante varios años de mi vida sólo vivía de un goteo del enorme potencial que existe dentro de mí". Este hombre aprendió a liberar el Poder Infinito que se encuentra en su interior, y toda su vida ha sido armonizada por este poder maravilloso.

COMO UNA UNIVERSITARIA CONVIRTIO EN EXITO INMEDIATO EL FRACASO

Hace unos cuantos años, una joven universitaria que estaba reprobando me visitó, a petición de su padre. Platiqué con ella y me dí cuenta de que era inteligente y tenía una base sólida de conocimiento de la ley de la mente. Le

[1] Joseph Murphy, El Poder de Su Mente Subconsciente (Englewood Cliffs, N. J.: Prentice-Hall, Inc., 1963)

pregunté: "¿Por qué te sientes menos? ¿Por qué tienes una estimación tan baja por tí misma?" Ella enrojeció en forma considerable y expresó: "Oh, soy la tonta de la familia. Mi padre dice que nunca llegaré a hacer nada, que mis hermanos son listos, pues se parecen a él, mas yo soy tonta como mi madre". Le contesté: "Bueno, eres una hija de Dios; todos los poderes infinitos, atributos, cualidades y la sabiduría de Dios se encuentran en tu interior en espera de ser liberados y utilizados. Díle a tu padre de mi parte que él nunca debió hacer declaraciones tan negativas de su hija, sino que más bien debe alentarla y recordarle que la Inteligencia Infinita de Dios está en su interior y que cuando La llama, responde. También díle que probablemente hay más tendencias genéticas de él en tí que de tu madre".

Le proporcioné la siguiente técnica para que la usara todas las mañanas antes de ir a clases y todas las noches antes de dormir: "Soy hija de Dios, no volveré a menospreciar mis poderes interiores o rebajarme de manera alguna. Alabo a Dios que se encuentra en mi interior; sé que me ama y cuida de mí. Está escrito: ...*"Cuida de tí"* (I. de San Pedro 5:7). Mi mente absorbe fácilmente todo lo que leo y estudio y me lo refleja en forma instantánea cuando lo necesito. Irradio amor por mi padre y hermanos y maestros y por mi madre en la siguiente dimensión, donde sé que es feliz y libre. La Inteligencia Infinita me guía en mis estudios y me revela todo lo que sé en todo momento. Me respeto y me valoro, puesto que estoy consciente que la verdadera Yo en mi interior es Dios. En cualquier momento que esté dispuesta a criticarme o condenarme a mí misma, de inmediato declararé: 'Dios me ama y me cuida'."

Ella puso en práctica este proceso de oración fielmente, y es un placer informar que pronto obtuvo mejores calificaciones y se graduó con honores en la universidad. Descubrió el Poder Infinito para llevar una vida perfecta y empezó a liberarlo. Dejó de aceptar las sugerencias negativas de su padre y comenzó a alabar a Dios, que se encuentra en su interior. Pablo dice: *"Sométase toda persona a las autoridades superiores"* (Romanos 13:1). Dios es la única

Presencia y el único Poder, y los poderes que existen son mandados por Dios.

COMO PUEDE USAR EL PODER INFINITO PARA QUE SUS SUEÑOS SE HAGAN REALIDAD

Si practica los principios del Poder Infinito, tal como se exponen y revelan en las siguientes páginas, para llevar una vida perfecta, usted observará maravillosos y fantásticos cambios en su vida. Sus sueños, aspiraciones, ideas y metas en la vida son pensamientos, ideas e imágenes mentales. Usted debe estar consciente de que la idea o deseo de su mente es tan real como su mano o su corazón; tiene forma, configuración y substancia en otra dimensión de la mente. Cada capítulo de este libro le mostrará cómo aceptar su deseo, sentir su realidad y conocer el Poder Infinito que se encuentra en su interior, el cual hará que acontezca por orden Divina. El Poder Infinito que le hace tener el deseo, también le revelará la forma perfecta de planear su desarrollo. Todo lo que usted tiene que hacer es aceptarlo y creer en él, y la Inteligencia Infinita en su interior lo hará ocurrir.

COMO SU VIDA PUEDE CONVERTIRSE EN UNA EMOCIONANTE AVENTURA

El Poder Infinito que hace que se realicen milagros existió antes de que usted y yo naciéramos, y antes de que cualquier iglesia o aun el mundo existiera. Las grandes verdades eternas y los principios de la vida que bendicen, curan, inspiran y lo elevan preceden todas las religiones. Usted y yo estamos próximos a emprender un viaje hacia los nichos internos de nuestra propia mente, donde observaremos cómo funciona, y aprenderemos acerca de este poder maravilloso, mágico, curativo y transformador, el cual enjuga todas las lágrimas. Veremos cómo cura las heridas de los que tienen el corazón deshecho, cómo proclama la libertad para los que tienen la mente llena de temor y enfermedad, y los libera por completo de las cadenas autoimpuestas de pobreza, fracaso, enfermedad, frustración y limitaciones de todo tipo.

Todo lo que usted necesita es seguir los métodos sencillos, pero científicos, delineados en los capítulos siguientes, y luego unirse mental y emocionalmente con lo bueno que usted desea experimentar y el Poder Infinito lo guiará para satisfacer todos sus deseos.

Este viaje mental y espiritual en el que se está embarcando será el "capítulo" más maravilloso de su vida, una experiencia curativa y reveladora; será emocionante, placentero, y el más provechoso de su vida. Empiece hoy mismo; permita que las maravillas y los milagros ocurran en su vida. Persevere hasta que aparezca la luz y todas las sombras desaparezcan.

DOS

COMO ESTABLECER UN PATRON DE EXITO PARA VIVIR MEJOR

Usted nació para ganar y para triunfar sobre todos los obstáculos de la vida. Dios mora dentro de usted y camina y habla en su interior; es el Principio de la Vida que reside en usted. El canal del Divino es usted, y se encuentra aquí para reproducir todas las cualidades, atributos, potencias y aspectos de Dios en la pantalla del espacio. Así de importante y maravilloso es usted.

Todo lo que Dios inicia, lo termina, ya sea una estrella, un cosmos o un árbol. Con el fin de ganar y triunfar en el juego de la vida debe concordar con el Poder Cósmico que se encuentra en su interior y conforme se va uniendo en pensamientos y sentimientos con el Poder Infinito, usted descubrirá que el Poder Cósmico actúa en su beneficio y le permite alcanzar la victoria y una vida llena de triunfos.

COMO UNA NUEVA IMAGEN MENTAL DE SI MISMO REDITUÓ MUCHOS DIVIDENDOS

Un hombre al que llamaremos John se quejó amargamente durante una consulta conmigo: "He estado trabajando en la misma compañía durante diez años y nunca he recibido una promoción ni un aumento de salario; algo en mí debe estar mal". Mientras platicaba con él, descubrí que un patrón subconsciente de fracaso guiaba sus asuntos.

John tenía la costumbre de menospreciarse constantemente pensando para sí: "No sirvo, siempre me brincan, estoy perdiendo mi trabajo, hay un mal de ojo que me persigue". Estaba lleno de autocondena y autocrítica; le expliqué que estas dos actitudes eran los dos venenos mentales más destructivos que podía generar y que le robarían vitalidad, entusiasmo, energía y buen juicio, para dejarlo al fin hecho un desastre mental y físicamente. Además, elaboré aún más en sus declaraciones negativas al señalarle que tales afirmaciones como: "No sirvo, siempre me brincan", eran órdenes a su mente subconsciente, que las toma en forma literal, y coloca en su vida obstáculos, retardos, carencias, limitaciones e impedimentos de todo tipo. El subconsciente es como la tierra, la cual recibe toda clase de semillas, tanto buenas como malas, y proporciona nutrimento para su desarrollo.

Cómo John descubrió en su interior la causa del fracaso

John me preguntó: "¿Es por esto por lo que me brincan y me ignoran en las juntas de rutina de negocios?" Le contesté: "Sí", pues había formado una imagen mental de rechazo y esperaba que lo menospreciaran y lo ignoraran. En realidad estaba poniendo obstáculos ante su propio bien. John comprobó la realidad Bíblica de siempre: *"Porque el temor que me espantaba me ha venido"* (Job 3:25).

Cómo practicó una técnica realista para alcanzar el éxito

John se liberó de los patrones de autorrechazo, fracaso y frustración. Le sugerí que reflexionara sobre esta gran verdad: "*. . .Pero una cosa hago, olvidando ciertamente lo que queda atrás y extendiéndome a lo que está delante, prosigo a la meta, al premio del supremo llamamiento de Dios. . .*" (Fil. 3:13,14).

El preguntó: "¿Cómo puedo olvidar humillaciones, vejaciones y desaires? ¡Es muy difícil!" Se puede lograr, pero como le expliqué, tenía que tomar una decisión y olvidarse del pasado y con determinación positiva contemplar el éxito, la victoria, los logros y las promociones. Su subconsciente sabe cuándo tiene la intención de llevar a cabo lo que dice y automáticamente le recordará cuando usted, por costumbre, está dispuesto a menospreciarse y de inmediato invertirá el pensamiento y afirmará lo bueno en este momento y lugar.

El empezó a percibir tanto el error como la necedad de trasladar del pasado al futuro un peso mental de desilusiones y fracasos. Es como cargar una pesada barra de hierro en sus espaldas durante todo el día, lo que causa agotamiento y fatiga. En el momento en el que un pensamiento de autocrítica o de autocondena le llegaba a la mente, él fielmente lo invertía afirmando: "El éxito es mío, la armonía es mía, y la promoción es mía". Después de algún tiempo substituyó el patrón negativo por una forma constructiva de pensar.

Cómo pudo John controlar su mente subconsciente para alcanzar el éxito

Le proporcioné la siguiente técnica sencilla para impregnar su mente subconsciente: John debía empezar a practicar el arte de imaginarse a su esposa felicitándolo por su promoción mientras lo abrazaba llena de felicidad y entusiasmo. El hizo que esta imagen mental fuera muy vívida y real al inmovilizar su atención y relajar su cuerpo y enfocar el lente de su mente en su esposa. El conversaba mentalmente con ella de la siguiente manera: "Mi amor, hoy recibí una fantástica promoción, el jefe me felicitó y recibiré un aumento de salario de $5,000.00 al año. ¿No es eso maravilloso?" Luego imaginaba su respuesta, escuchaba el tono de su voz y veía su sonrisa y sus gestos. Todo era real en su mente. En forma gradual, esta película mental se movía por medio de una especie de presión osmótica de su mente consciente a su subconsciente. Hace unos días, John me vino a ver y dijo: "Tenía que contarle. ¡Me hicieron Gerente del Distrito! ¡Esa película mental lo consiguió!"

Al aprender John cómo funcionaba su mente, empezó a darse cuenta de que su patrón habitual de pensar, además de su película mental, estaban penetrando en las capas de su mente subconsciente y que esta última estaba siendo activada para atraer todo lo que necesitaba para hacer que todos sus sueños se hicieran realidad.

El poder de la fe

La Biblia dice: *"Todo lo que pidiéreis orando creed que lo recibiréis y os vendrá"*. (San Marcos 11:24). Este es idioma sencillo revelándole que cuando usted tiene fe y vive con la alegría de la esperanza de lo mejor, recibirá lo bueno que busca. John creía firmemente que él recibiría honor, reconocimiento, promoción y aun aumento de salario. De acuerdo con su creencia, así se hizo.

John es un hombre nuevo en la actualidad y es feliz; está animado y lleno de entusiasmo. Hay una luz en sus ojos y un nuevo tono emocional en su voz que indica autoconfianza y aplomo.

COMO UNA IMAGEN MENTAL PRODUJO UN MILLON DE DOLARES

En un hotel con balneario de aguas minerales en Palm Springs llevé a cabo una conversación con un hombre de San Pedro quien me comentó que a los cuarenta años de edad, su vida estaba llena de fracasos, desilusiones, depresiones y desengaños. Había acudido a una conferencia sobre "El Milagro de la Mente", presentada en San Pedro por el finado Dr. Harry Gabe, conferencista y catedrático internacional.

Me informó que después de escuchar el discurso empezó a creer en sí mismo y en sus poderes interiores. El siempre había deseado ser propietario de un cine y manejarlo, pero había fracasado y no tenía dinero. Comenzó con esta afirmación: "Sé que puedo triunfar y seré propietario y operaré un teatro".

Me relató que en la actualidad tiene $5,000.000.00 y es propietario de dos teatros; alcanzó el éxito venciendo obstáculos supuestamente insuperables. Su mente subconsciente sabía que era sincero y que tenía intenciones de triunfar; se percataba de su motivación interna y de su convicción real. La Biblia dice: *"Determinarás asimismo una cosa y te será firme"* (Job 22:28).

La fórmula mágica de este hombre para alcanzar el éxito fue una imagen mental que tenía y a la que permaneció fiel, y su mente subconsciente le reveló todo lo necesario para convertir su sueño en realidad.

COMO UNA JOVEN ACTRIZ TRIUNFO SOBRE EL FRACASO

Una joven actriz que me vino a ver se quejaba amargamente porque le tenía pánico al público cuando se presentaba a las sesiones de pruebas cinematográficas. Manifestó que había fracasado tres veces en estas pruebas; lamentándose siguió relatando en forma afligida y prolongada sus temores. De inmediato descubrí que su problema se debía a que tenía una imagen mental de pánico ante la cámara, como Job en la antigüedad, estaba predestinado al fracaso: *"El temor que me espantaba me ha venido"* (Job 3:25).

Cómo adquirió seguridad y aplomo

Le enseñé a esta joven actriz los funcionamientos de su mente consciente y subconsciente, y empezó a darse cuenta de que conforme prestaba atención a sus pensamientos constructivos, obtenía, automáticamente, experiencia de beneficios que se acumulaban en su mente. Ideó su propio plan para pensar en forma correcta, pues estaba consciente de que existe una ley de la mente que responde a lo que asegura uno, siempre y cuando, desde luego, usted considere que lo que afirma es verdad. Por ejemplo, conforme usted se diga, más frecuentemente, "tengo miedo" generará más miedo. Por otra parte, cuanto más afirme "Estoy lleno de fe y confianza" más confianza y seguridad adquirirá.

Le sugerí que mecanografiara en una tarjeta los siguientes pensamientos enaltecedores:

"Estoy llena de paz, aplomo, balance y equilibrio.

No le temo al mal pues Dios está conmigo.
Siempre estoy serena, calmada, relajada y tranquila.
Estoy llena de fe y confío en el único poder que existe —Dios.
Nací para ganar, tener éxito y triunfar.
Triunfo en todas mis empresas.
Soy una actriz maravillosa y tengo mucho éxito.
Soy cariñosa. armoniosa, pacífica y siento mi unidad con Dios".

Siempre llevaba esta tarjeta consigo y cuando se encontraba en trenes, aviones y en frecuentes intervalos durante el día, enfocó su mente en estas verdades. En realidad, se las aprendió de memoria después de tres o cuatro días. Conforme reiteraba dichas verdades, se afirmaron en su mente subconsciente y descubrió que estas aseveraciones que contenían vibraciones espirituales maravillosas neutralizaron en su mente subconsciente los patrones dañinos de temor, duda e insuficiencia. Se convirtió en una muchacha llena de aplomo, serena, calmada y segura. Había encontrado el poder cósmico para llevar una vida perfecta.

Cómo su "imagen mental" realizó un milagro

Ella solía practicar la siguiente técnica durante cinco o seis minutos, por la mañana, por la tarde y por la noche: Aflojaba su cuerpo, sentada tranquilamente en una silla y empezaba a imaginar que se encontraba ante una cámara, llena de aplomo serena, calmada y relajada. Se visualizaba a sí misma cómo un éxito total y se imaginaba que estaba escuchando comentarios de felicitación, del autor y de su agente. Dramatizó el papel como sólo lo puede hacer una buena actriz, en forma muy real y vívida. Se percató de que el Poder Cósmico que mueve el mundo también se mueve por medio de su imagen mental, y la obliga a dar representaciones maravillosas.

Unas semanas después, su agente le consiguió otra prueba cinematográfica y ella estaba tan entusiasmada y alborozada con la idea de triunfar que dio una función maravillosa. En la actualidad, con un éxito tras otro, está en camino de convertirse en una gran estrella.

USTED ES RICO Y TRIUNFA POR LO QUE ES EN SU INTERIOR

En el Hotel Kona Inn en la Isla de Hawaii tuve una conversación interesante con un hombre. Me contó una fascinante historia acerca de su juventud. Nació en Londres, Inglaterra y, cuando aún era muy joven, su madre le dijo que él había nacido muy pobre y que su primo había nacido en la opulencia y tenía una gran fortuna porque Dios compensa las cosas de esta manera y continuó diciéndome que más adelante descubrió que lo que significaba era que en una vida anterior él había sido muy rico y ahora Dios estaba enmendando las cosas, así que lo mandó de regreso a la tierra a una familia muy pobre para balancear la justicia.

El comentó: "Esto lo consideré como tonterías absolutas; además, me dí cuenta de que la Ley Cósmica no respeta a las personas, sino que Dios provee *de acuerdo con las propias creencias*, y que un hombre puede ser multimillonario, poseedor de millones de libras esterlinas inglesas y estar muy iluminado y ser espiritual al mismo tiempo. Por otro lado, algunas de las personas económicamente pobres eran malévolas, egoístas, envidiosas y ambiciosas."

Durante su juventud, este hombre vendió periódicos y lavó ventanas en Londres; por la noche iba a la escuela, y, mientras estudió en la universidad, trabajó. En la actualidad, es uno de los mejores cirujanos de Inglaterra. Su lema es: "Usted se dirige hacia donde está su visión". Su visión era convertirse en cirujano y su mente subconsciente le respondía de acuerdo con la imagen mental que tenía su consciente.

El padre de su primo había sido multimillonario y le había dado a su hijo todo lo que era posible: Tutores privados, viajes educativos especiales a Europa, y lo había mandado a la Universidad de Oxford durante cinco años. Le proporcionó a su hijo sirvientes, automóviles y le pagaba todos sus gastos. La vida del primo fue un fracaso; había sido mimado demasiado y no tenía confianza ni seguridad. No tenía incentivos y no tenía obstáculos que superar y no había dificultades que vencer. Se volvió alcohólico y reprobó en el arte de la vida.

¿Cuál era el rico y cuál era el pobre? El cirujano había superado los obstáculos. Me comentó que está agradecido porque su triunfo le costó trabajo. "La justicia es de la mente y *si un hombre acepta un centavo diario, eso será todo lo que recibirá*". Este hombre descubrió que las riquezas, el éxito, los logros y la prosperidad son de la mente, puesto que lo que un hombre siembra en su mente subconsciente eso cosechará.

POR QUE LA OPORTUNIDAD DE LA VIDA SIEMPRE ESTA EN USTED

Un hombre me comentó recientemente: "No he tenido oportunidades en la vida; nací en una familia pobre, y nunca tuvimos suficiente para comer; veía a otros niños en la escuela cuyos padres tenían casas hermosas, albercas privadas, automóviles y todo el dinero que necesitaban. La vida es tan injusta."

Le expliqué que a menudo las privaciones de la pobreza pueden ser el impulso que lo lleve hacia la cima más alta del éxito. Una hermosa casa, una alberca, riquezas, prestigio, éxito, una carroza de oro un Rolls Royce, son ideas de la mente del hombre, la cual es una con la Mente Infinita de Dios.

El secreto de Hellen Keller para lo bueno de su vida

Le expliqué a este hombre que la forma de pensar de muchas personas es completamente ilógica, irracional y no es científica.

Por ejemplo, dicen que el nacimiento de Helen Keller fue una injusticia, puesto que la habían privado de sus sentidos de vista y oído en la infancia; sin embargo, ella empezó a usar las riquezas de la mente, y sus ojos azules podían "ver", probablemente mejor que la mayoría de la gente, el color de todo el espectáculo de la ópera; sus oídos sordos, en forma similar, podían oír crescendos, diminuendos y todo el volumen de la música orquestal. Estaba muy consciente de las notas claras del soprano lírico, y podía captar el carácter de la comedia.

Helen Keller logró hacer mucho bien en el mundo. Por medio de meditación y oración despertó al ojo interno y tuvo influencias edificantes sobre las mentes y los corazones de los sordos, y los ciegos en todo el mundo. Su contribución para miles de confinados y otros en el mundo fue de fe, confianza, alegría y una enorme elevación espiritual. En realidad logró mucho más que muchas personas que cuentan con los sentidos de la vista y del oído. No fue desafortunada ni discriminada al nacer; no existen los desamparados ni los privilegiados en exceso.

LA CLAVE MAGICA QUE HAY QUE HACER GIRAR PARA TRIUNFAR

El hombre se impresionó mucho con la historia de Helen Keller y le redacté un plan cósmico para triunfar, el cual iba a aseverar durante quince minutos, tres veces al día: "Me encuentro en mi verdadero lugar en la vida, y hago lo que me gusta hacer, y soy Divinamente feliz. Tengo un hogar muy agradable, una esposa agradable y maravillosa y un coche nuevo y moderno. Le proporciono al mundo mis talentos en forma admirable y Dios me está revelando mejores maneras de servirle a la humanidad. Acepto en forma definitiva y positiva el hecho de que una nueva y maravillosa oportunidad se está abriendo ante mí. Estoy consciente de que la forma Divina me guía en todos los medios de expresión; tengo fe y acepto la abundancia y la seguridad; percibo que oportunidades maravillosas y magníficas se están abriendo ante mí ahora. Pienso que estoy prosperando más allá de todos mis sueños".

Mandó mecanografiar en una tarjeta estas aseveraciones y las lleva siempre consigo y, regular y sistemáticamente las repite durante quince minutos, tres veces al día. Cuando sentía temor o ansiedad sacaba la tarjeta y reiteraba estas verdades, pues sabe que los pensamientos constructivos siempre destruyen y disipan a los pensamientos negativos.

El poder de la fe en acción

Se dio cuenta de que sus ideas son transmitidas al subconsciente por medio de la repetición, fe y esperanza y que el poder, que realiza milagros de su mente subconsciente, actuaba sobre las impresiones que tenía, puesto que su naturaleza es responder de acuerdo con el pensamiento habitual del hombre.

Tres meses después, todas las cosas sobre las que había meditado sucedieron. En la actualidad está casado, tiene una linda casa, es propietario de un negocio que le compró su esposa y está haciendo lo que le gusta y es Divinamente feliz. Es miembro del Consejo Municipal y contribuye con sus servicios con los niños exploradores de Norteamérica y otras organizaciones de mérito. Tuvo la oportunidad que aparece una vez en la vida, y también usted la tiene.

COMO UN VENDEDOR OBTUVO UNA PROMOCION PARA SI MISMO

Un vendedor de artículos farmacéuticos no había recibido ninguna promoción en ocho años; sin embargo, otros compañeros, quienes aparentemente estaban menos calificados, habían avanzado a jerarquías más altas en el negocio. El tenía un complejo de rechazo.

Yo le aconsejé que fuera agradable con él mismo y que se debía tener más afecto puesto que en realidad el Yo es Dios. Le expliqué que él era la casa donde Dios moraba y que debía tener un respeto real, reverente y sano para la Divinidad en su interior, que lo había creado, dado vida y equipado con todos los poderes de la cabeza de Dios. Esto le permitiría trascender todos los obstáculos, elevarse a la opulencia y expresión perfecta y adquirir la capacidad de llevar una vida llena y feliz. Este vendedor se dio cuenta rápidamente de que podía usar la misma cantidad de energía mental para pensar tanto en forma constructiva como destructiva. Decidió dejar de pensar en razones por las que no podía tener éxito y a pensar en razones por las que sí podía tenerlo. Puso en práctica el empleo de la siguiente fórmula mental y espiritual: "A partir de este momento, me valoro de otra manera, pues estoy consciente de mi valor real. Ya no me rechazaré y tampoco volveré a menospreciarme. Cuando tenga un pensamiento de autocrítica, de inmediato alabaré a Dios que se encuentra en mi interior. Respeto y exalto a la parte de mí que es Dios: mantengo un respeto sano, reverente y saludable para el Poder Infinito en mi interior que es Todo Sabio y Todo Inteligente; es El que Siempre Vive y la Presencia y el Poder que Siempre Se Renuevan. Durante el día y durante la noche, avanzo, me muevo hacia adelante creciendo, espiritual mental y económicamente."

Este vendedor se dedicó durante cierto tiempo a identificarse con estas verdades, tres veces al día. De esta manera saturaba su mente, en forma gradual, de aplomo balance y equilibrio, además de un sentido de sus valores reales. Como resultado, después de aproximadamente tres meses, se convirtió en gerente de ventas en el Oeste Medio. En una nota reciente escribió: "Estoy en el camino hacia el éxito, gracias a usted."

La técnica del espejo mágico

Además del ejercicio mental y espiritual mencionados con anterioridad, y con el fin de permitirle percibir el sentido real de su propio valor e importancia en el esquema de la vida como un ser humano dotado de talentos y habilidades únicas y extraordinarias que aún no han sido liberadas, sino que se encuentran latentes en su interior, le recomendé que practicara el antiguo tratamiento del espejo. Así es como lo practicó, según sus propias palabras:

"Todas las mañanas, después de afeitarme, me miraba

en el espejo y me decía con audacia, sentimiento y conocimiento: 'Tom tú eres absolutamente sobresaliente, un enorme éxito, estás lleno de fe y confianza y eres muy rico; eres cariñoso, armonioso y estás inspirado.' Soy uno con Dios y uno con Dios es una mayoría. Todas las mañanas sigo esta práctica. Estoy sorprendido de los muchos cambios maravillosos que se han presentado en mis negocios, finanzas, círculo de amistades y vida hogareña. Han transcurrido dos meses desde que me enseñó estas dos técnicas de oración y he sido promovido a Gerente de Ventas en el Medio Oeste." Este vendedor se identificó con las verdades que él afirmaba y estableció una nueva imagen de sí mismo, de esta manera, saturó su mente de aplomo, balance y equilibrio, prosperidad y confianza en sí mismo. Creía implícitamente en la respuesta de la actividad de su mente subconsciente a su consciente y así descubrió la majestuosa verdad psicológica de la Biblia: *"Si puedes creer, al que cree todo le es posible"* (San Marcos 9:23).

COMO UN GERENTE DE OFICINA SUPERO DEFECTOS DE PERSONALIDAD

Durante una entrevista, un gerente de oficina me contó que todos los hombres y mujeres bajo su mando sentían que era demasiado dominante, criticón y sombrío. Había muchos cambios de personal en su oficina y el Gerente General se había quejado de que había demasiadas renuncias.

Le expliqué que, por lo regular, ejercer demasiada autoridad es un indicio de falta de confianza, es una manera de tratar de sentir seguridad. Una persona puede tener una mente callada y organizada y nunca ordena a los demás en forma arrogante, no obstante, ser completamente autosuficiente; las personas gritonas y escandalosas carecen de sinceridad y equilibrio interior.

Puso en práctica mis sugerencias y empezó a alabar a alguno de los empleados por un trabajo bien hecho, y se dió cuenta de que, por lo regular, recibía una respuesta amistosa, puesto que por medio de la alabanza hacía que aumentara su confianza en ellos mismos. Dejó de criticar constantemente y abandonó su actitud mordaz que interfería con la armonía de la oficina y cesó el menosprecio que sentía por sí mismo, la causa real de su problema.

Una técnica secreta para adquirir una mejor personalidad y triunfar

Con el fin de erradicar la melancolía empezó a practicar respiración profunda, además de aseverar en forma específica durante la aspiración: "yo soy" y durante la espiración: "alegre". Por medio de la práctica, cada vez podía detener su respiración durante lapsos más largos entre aspiración y espiración. Ejercitó esta profunda respiración cincuenta veces y cien veces hasta que recibió una respuesta profunda de su subconsciente. En la actualidad, informa que obtiene mejores resultados cuando piensa: "Yo soy alegre" durante la aspiración y lo repite durante la espiración. Ha comprobado el valor fisiológico y la sensación de bienestar que habitualmente sigue a la respiración profunda, lo que también favorece para que la mente subconsciente se impregne de ideas constructivas.

Además, puso en práctica la prescripción mental y espiritual repitiendo la siguiente aseveración varias veces al día: "Dejo de autorrecriminarme. Sé que no existe nada perfecto en el universo, y estoy consciente también de que todos mis empleados y asociados no pueden ser completamente perfectos. Me causa regocijo su confianza, fe, cooperación e interés en el trabajo bien hecho. Me identifico constantemente con lo bueno que tiene cada uno de mis socios.

Al saber que realizo bien lo que sé, siento seguridad y día con día adquiero confianza en otras direcciones. Estoy consciente de que la autosuficiencia y la confianza son costumbres y puedo desarrollar el maravilloso hábito de autosuficiencia de la misma manera como dejé de fumar hace poco. Substituyo la timidez por la seguridad, la fe, y la confianza en el Poder Infinito que responde a mi pensamiento habitual. Me dirijo en forma amable a todos los empleados; saludo a la Divinidad en su interior y reitero en forma tenaz: 'Puedo hacer todo por medio del Poder de Dios que me fortalece'. Cuando tengo pensamientos de autocrítica, los substituyo de inmediato con esta verdad: 'Te alabo Dios en mi interior'."

Este gerente de oficina comenzó a afirmar estas verdades aproximadamente seis veces en forma lenta, callada y cariñosa, tres veces al día; estaba consciente de lo que estaba haciendo y del porqué. Está adquiriendo una nueva costumbre constructiva que reemplaza a la anterior. Al final de seis semanas, era un hombre transformado, lleno de serenidad y autosuficiencia interior. Se promovió a sí mismo a vicepresidente de la corporación con un ingreso de $100,000.00.

La Biblia tiene razón cuando afirma: *"Transformaos por medio de la renovación de vuestro entendimiento..."* (Romanos 12:2).

PUNTOS DE ESTE CAPITULO PARA RECORDAR

1. Usted nació para ganar y triunfar sobre todos los obstáculos por medio del Poder del Infinito que se encuentra en su interior, el cual espera ser despertado para que usted lo utilice.
2. Los hombres y mujeres que fracasan en el trabajo o profesión de su elección, por lo regular, tienen un patrón mental de fracaso. Es indispensable cambiar la imagen mental e imaginar el éxito, el logro y la realización de su meta para que su mente subconsciente responda y lo obligue a lograr el éxito puesto que la ley de su subconsciente es compulsiva.
3. Deje de autocondenarse y criticarse; olvide el pasado y contemple logros, victorias, triunfos y éxito. Usted se convierte en lo que contempla.
4. Cuando esté tentado a menospreciarse, inmediatamente invierta el pensamiento y afirme sus cosas buenas en este momento y lugar.
5. Existe una ley de la mente que responde a lo que usted asevera, siempre y cuando, desde luego, usted tenga fe en lo que afirma que es verdad acerca de

usted mismo. Las ideas son transmitidas al subconsciente por medio de la repetición, fe y esperanza.

6. Tenga confianza en usted y en sus poderes internos. Empiece a afirmar con audacia: "Sé que puedo tener éxito; lograré lo que quiero lograr; seré lo que quiero ser; y estoy consciente de que mi Mente Profunda responderá a mi decisión y convicción. Reconozco que la ley de mi subconsciente nunca fracasa, y cualquier cosa que le imprima se expresará y manifestará de la misma manera."
7. Si sufre porque tiene miedo al público, visualícese como un éxito e imagine que un ser querido lo felicita por su éxito.
8. Usted se dirige hacia donde se encuentra su visión, sin tomar en cuenta si usted nació en la pobreza o en un palacio. Usted es rico por lo que se encuentra en su interior. La Ley no respeta a las personas. Sus deseos se convertirán en realidades.
9. Helen Keller fue privada de sus sentidos de visión y de oído en la infancia, sin embargo, logró maravillas, gracias a una luz cósmica interior.
10. Una fórmula maravillosa para tener éxito es aseverar con sentimiento: "Dios me revela mejores formas por medio de las cuales puedo serle útil a la humanidad".
11. Esté consciente de su propio valor verdadero y que ahora usted es un punto focal único y especial para la expresión de Dios.
12. Si se siente inferior o le falta autosuficiencia, imprima lo siguiente en su subconsciente, por medio de pensamientos habituales: "Exalto y alabo a Dios dentro de mi; mantengo una veneración sana, reverente y llena de amor en mi interior". Con esta actitud se adquiere autoconfianza y seguridad.
13. Por medio de elogios se logra que exista seguridad y confianza entre sus empleados o sus asociados. Alabe a cada uno de los que trabajan bien, y esté consciente de que nadie es perfecto en el mundo. Esta actitud hará que desaparezcan la agresión y el

carácter autoritario que indican inseguridad e incertidumbre.

TRES

COMO LOGRAR EL PODER Y EL CONTROL SOBRE SU VIDA

Recibo cartas, constantemente, del interior del país y de muchos países del extranjero, y observo que la mayoría de los que me escriben experimentan, en forma personal, muchas oscilaciones del destino y de la fortuna.

Muchos escriben y señalan cosas como las siguientes: "Estoy bien durante algunos meses en lo que se refiere a la salud y las finanzas, y de repente, me encuentro en el hospital o sufro un accidente o experimento una gran pérdida financiera." Otros indican: "Algunas veces me siento feliz, alegre, vital y lleno de entusiasmo, y de pronto, me embarga una onda aguda de depresión; no lo puedo comprender".

Recientemente, me entrevisté con un ejecutivo de negocios, quien hace algunos meses había alcanzado lo que él llamó la cima del éxito y de repente, según sus propias palabras: "El mundo se le vino encima". Perdió su casa, y su esposa lo abandonó, además sufrió una enorme pérdida en el mercado de valores.

Me preguntó: "¿Por qué me elevé tan alto y caí tan estrepitosamente? ¿Qué estoy haciendo mal? ¿Cómo puedo controlar estas alzas y bajas?"

COMO ESTE ACTIVO EJECUTIVO APRENDIO A CONTROLAR SU VIDA

Este ejecutivo deseaba alejarse de estas oscilaciines de fortuna y salud para llevar una vida balanceada. Le expliqué que él podía guiar su vida de la misma manera como conduce su automóvil al trabajo todas las mañanas: La luz verde significa siga; puede quitar el pie del freno y acelerar. Se detiene ante la luz roja y de la misma manera, si sigue los reglamentos del camino, llega a su destino en orden Divino.

Le proporcioné la siguiente fórmula espiritual con instrucciones de afirmar estas verdades por la mañana antes de subirse a su automóvil, en las tardes, después de la comida y por la noche antes de dormir:

"Sé que puedo guiar mis pensamientos e imaginación; puedo controlar y organizar mis pensamientos para poner atención a lo que deseo. Estoy consciente de que existen un Poder y Presencia Divinos en mi interior, los cuales estoy resucitando para que respondan a mi llamado. Mi mente es la mente de Dios y yo siempre reflejo la sabiduría Divina y la inteligencia Divina. Mi mente simboliza mi capacidad de pensar sabia y espiritualmente. Siempre tengo aplomo, estoy balanceado, sereno y calmado. Las ideas de Dios gobiernan mi mente y están bajo completo control y ya no estoy sujeto a oscilaciones violentas de humor, salud y riqueza. Mis pensamientos y palabras siempre son constructivos y creativos. Cuando rezo, mis palabras están llenas de vida, amor y sentimiento lo que hace que mis afirmaciones, pensamientos y palabras sean creativos. La Inteligencia Divina actúa en mi interior y me revela lo que necesito saber, y estoy tranquilo".

Este ejecutivo puso en práctica la costumbre de utilizar esta oración regular y sistemáticamente, y conforme continuaba haciéndolo, poco a poco, reacondicionó su mente a tener armonía, salud, serenidad y aplomo. Ya no tiene estos cambios de fortuna de los que se quejó, y lleva una vida llena de aplomo, balanceada y creativa. La Biblia dice: *"Tu guardarás en completa paz a aquel, cuyo pensamiento persevera en ti porque en ti ha confiado"* (Isaías 26:3).

COMO UNA MAESTRA SUPERO SU FRUSTRACION

Una maestra empezó su entrevista conmigo con estas

palabras: "Estoy en una rutina; me siento frustrada; he fracasado en el amor; estoy enferma en mente y cuerpo; me siento culpable e intelectualmente incompetente. Henry Thoreau estaba en lo correcto cuando indicó que la mayoría de los hombres llevan vidas de silenciosa desesperación".

Esta joven era bastante atractiva, instruida, inteligente e intelectualmente competente, sin embargo, se estaba menospreciando, autocondenando y criticando. Todo esto es veneno mortal mental, lo que además roba vitalidad, entusiasmo y energía y la deja hecha un desastre mental y físico.

Le expliqué que todo el mundo tiene sus altas y bajas, depresiones, penas y enfermedades, hasta que decidimos controlar nuestras vidas y pensar en forma constructiva. De otra manera, todos estaremos sujetos a la mente colectiva, la cual cree en enfermedades, accidentes, desgracias y tragedias. Además sentimos que estamos sujetos a condiciones y ambientes y que somos víctimas de nuestra herencia, educación y enseñanza.

La magia de deshacerse de hábitos de pensamiento frustrantes

Nuestro estado de ánimo, creencias, convicciones y condicionamientos controlan y determinan nuestro futuro. Le expliqué que su estado actual se debía únicamente a la fuerza habitual y a la autoridad de muchos miles de pensamientos, imágenes y sentimientos que había adquirido en forma consciente e inconsciente y repetido durante muchos años.

Y agregué: "Además ha manifestado que ha viajado por Europa y por el Oriente y por Noraeamérica en diversas ocasiones, sin embargo, no ha viajado por el interior de usted misma. Usted se parece al elevadorista que dice: 'Subo y bajo todo el día, no obstante, no llego a ningún lugar en la vida'. Está repitiendo estos mismos patrones antiguos de pensamientos y deseos inútiles, los mismos procedimientos, confusiones, y agitaciones mentales en contra de sus superiores, alumnos y la junta de educación".

Cómo viajar mental y espiritualmente para obtener autorrenovación

Decidió realizar un cambio definitivo con el fin de salir de la antigua rutina, y empezó a experimentar las bellezas, satisfacciones y glorias de la vida. Afirmó las siguientes verdades varias veces al día, sabedora de que lo que aceptaba conscientemente llegaría a su mente subconsciente y que por medio de repeticiones reacondicionaría su mente al éxito, felicidad, y placer por la vida, lo que merecía experimentar. Ella absorbió la siguiente medicina espiritual por medio de sus ojos y oídos varias veces al día:

"Voy a viajar mental y espiritualmente por mi interior y descubrir el tesoro de la eternidad en mis profundidades. Romperé la vieja rutina en forma definitiva y positiva y tomaré otro camino. Dejaré de tomar en cuenta, para pensar, los titulares de los periódicos o los chismes y pensamientos negativos acerca de carencias, limitaciones, enfermedades, guerras y crímenes. Estoy consciente de que todo lo que hago y experimento en la vida se debe a mi forma de pensar, consciente o inconsciente. Me doy cuenta de que al no pensar por mí misma, la mente colectiva se inmiscuye en mi mente subconsciente y piensa por mí, lo cual resulta ser muy negativo y destructivo.

En mi mente se está librando una revolución y estoy consciente de que mi vida se transforma debido a la renovación. De inmediato ceso de limitarme y de pelear mentalmente con las circunstancias puesto que percibo que esta actitud, en realidad, aumenta mis problemas. Ahora, afirmo y me regocijo por ser una expresión de Dios y saber que Dios me necesita donde estoy, en caso contrario, no estaría yo aquí. Dios está en acción en mi vida, lo que significa completa armonía y serenidad."

Este proceso de oración repetitiva realizó maravillas en la vida de esta maestra universitaria. Cuando le dio luz verde al pensamiento seguro y constructivo y confió en el conocimiento de que todas estas semillas mentales depositadas en el subconsciente se desarrollarían después de que su amor amable entrara en su vida. ¡Se casó con el presidente de la universidad! Recibió una promoción en su profesión y ha tenido experiencias internas; descubrió que tenía gran talento para pintar, lo que le ha proporcionado una alegría sin fin. Está liberando ahora el esplendor aprisionado dentro de ella. ¡En realidad, la oración puede cambiar su vida!

COMO UN HOMBRE DE NEGOCIOS RECONSTRUYO SU NEGOCIO CON EXITO

Un farmacéutico me confió: "Me encuentro en las profundidades. ¿Cómo puedo triunfar? Unos ladrones robaron de mi negocio miles de dólares en mercancía y dinero y mi seguro sólo cubre parte de la pérdida. He perdido una pequeña fortuna en la bolsa de valores. ¿Cómo puedo pensar en forma constructiva sobre eso?" Le respondí: "Bueno, puede decidir pensar lo que elija sobre cualquier cosa. Lo que ha perdido no tiene nada que ver con la forma como decida pensar. No depende de lo que suceda en la vida, sino de cómo usted reaccione."

Le indiqué a este farmacéutico que los ladrones y las pérdidas que había sufrido en la bolsa de valores no lo habían robado, ni lo podían hacer, de sus noches y sus días, su salud, el sol, la luna, o las estrellas, llamadas el pan diario del alma.

También le manifesté: "Usted es rico mental y espiritualmente; tiene una esposa bondadosa, cariñosa, y comprensiva y dos maravillosos muchachos en la universidad. Nadie le puede robar sus conocimientos de farmacia, materia médica, química farmacéutica, ni su perspicacia y sagacidad en los negocios. Todo lo anterior son riquezas de la mente.

"Los ladrones no le han quitado su conocimiento sobre la ley de la mente subconsciente ni la forma del Espíritu Infinito que se encuentra en su interior. No debe pensar en cosas negativas; alabe la belleza de lo que es bueno. Es el momento de avivar el don de Dios dentro de usted y dirigirse hacia la luz. Póngase en contacto con la Presencia y el Poder universales que le restaurarán de muchas maneras las riquezas de la vida."

La ley cósmica de acción y reacción y cómo usarla

Le comenté: "Usted sabe que no puede ganar ni perder nada, salvo por medio de su mente: por lo tanto, usted no admitirá la pérdida, pero se identificará mental y emocionalmente con los $30,000.00 dólares que ha perdido y su subconsciente honrará, revalidará y manifestará lo que usted afirma en la mente y siente que es verdad. Esta es la ley de acción y reacción, la cual es cósmica y universal".

De acuerdo con esto, oró de la siguiente manera: "Estoy en guardia constante en contra de pensamientos negativos, y los descarto de mi mente cuando tienden a entrar. Tengo fe en el Poder y Presencia Infinita, el cual siempre realiza lo que es bueno; mi fe se encuentra en lo bueno y la orientación del Dios Infinito; le abro mi mente y mi corazón al influjo del Espíritu Divino y descubro un sentido de poder, sabiduría y comprensión que se están incrementando.

Estoy mental y emocionalmente identificado con los $30,000.00 dólares y sé que no puedo perder nada, salvo que acepte la pérdida, lo que positiva, definitiva y absolutamente rehuso hacer. Estoy consciente de la forma como funciona mi subconsciente; siempre amplifica lo que deposito en ella, por lo tanto, el dinero vuelve aumentado, comprimido y en forma constante.

Percibo que ya no voy a experimentar las alzas y bajas de la vida, sino que voy a llevar una vida dinámica, creativa, balanceada y llena de propósito. Sé que la oración es la contemplación de los pensamientos, y que las ideas que habitualmente moran en ella dominan mi mente, y además rigen, gobiernan y controlan todas mis experiencias. La Presencia Omnipotente de Dios cuida de mi familia, mi negocio y todas mis inversiones, y todo el amor de Dios me rodea, envuelve y cubre. Llevo una vida fascinante. Advierto que la observancia eterna es el precio de la paz, armonía, éxito y prosperidad. Con mis ojos en Dios no hay maldad en mi camino."

El farmacéutico puso en práctica el hábito de reiterar y afirmar estas verdades eternas. Transcurridas algunas semanas, su corredor lo llamó y le informó, lleno de júbilo, que había recuperado todas sus pérdidas debido a una repercusión en la bolsa de valores. Además, recibió una maravillosa oferta por un terreno que había tenido durante 10 años; lo vendió por $ 60,000 dólares y su inversión original había sido de $5,000 dólares. Había descubierto el maravilloso funcionamiento de su mente y se percató de que no tiene que sufrir por las altas y bajas de la vida.

LA MENTE COLECTIVA Y COMO SUPERAR SUS EFECTOS NEGATIVOS EN USTED

La *mente colectiva* significa, sencillamente, la mente que funciona en tres mil millones de personas en el mundo. Todo mundo piensa dentro de la única mente universal, y no cuesta trabajo darse cuenta de la clase de imágenes, sentimientos, creencias, supersticiones y pensamientos desagradables y negativos que se imprimen en esa mente universal.

Además, es cierto que millones de personas en todo el mundo están vertiendo en la mente colectiva, también conocida como la mente de la raza, pensamientos de amor, fe, confianza, alegría, buena voluntad y éxito, así como sentimientos de triunfo, logro, y victoria sobre los problemas y una emanación de paz y bienestar para todos los hombres. No obstante aún son una gran minoría, puesto que la característica dominante de la mente colectiva es negativa.

La mente colectiva cree en accidentes, enfermedades, desgracias, guerras, crímenes, desastres, y catástrofes de todo tipo. Además la mente colectiva está llena de temor, lo que provoca odio, mala voluntad, resentimientos, hostilidad, enojo y enfermedad.

Por lo tanto, es muy sencillo para la persona que piensa un poco, darse cuenta de que estará sujeta a pruebas y tribulaciones de toda clase hasta que aprenda a orar en forma científica y a conservar su armadura de protección. Todos nosotros estamos sujetos a la influencia de la mente colectiva, al hechizo negativo, a las oscilaciones de poder y propaganda, y a las opiniones de otros y mientras rehusemos pensar en "línea recta" experimentaremos las violentas oscilaciones de fortuna y desgracia, salud y enfermedad, riqueza y pobreza. Si no queremos pensar por nosotros mismos, desde el punto de vista de los principios y verdades eternas de Dios, seremos únicamente uno más de la gente e inevitablemente sentiremos los extremos de la vida.

COMO NEUTRALIZAR INFLUENCIAS NEGATIVAS DE LA MENTE COLECTIVA

Controle su mente por completo por medio de pensamientos y visiones constructivas y entonces neutralizará la sugerencia negativa de la mente colectiva, la cual siempre ataca las mentes de todos nosotros.

Usted puede elevarse por encima de la mente colectiva negativa. La Biblia dice en San Juan 12:32: *"Y, yo, si fuere levantado . . . a todos atraeré a mí mismo"*, es decir, si usted eleva su mente y la identifica con principios de armonía, salud, paz, alegría, prudencia, seguridad y perfección *y lo hace costumbre*, debido a la ley de atracción usted los llamará a su vida y experimentará esas cualidades y atributos de Dios.

La siguiente oración es excelente para poder elevarse por encima de la mente colectiva y establecer una inmunidad que lo protegerá de las creencias y temores falsos de la raza:

"Dios es, y su Presencia fluye dentro de mí en forma de armonía, salud, paz, alegría, prudencia, belleza y perfección. Dios piensa, habla y actúa en mi interior; me guía en forma Divina por todos los caminos. Me gobierna la acción Divina adecuada, y la Ley y el Orden Divinos gobiernan toda mi vida. Siempre me rodea el círculo sagrado del amor eterno de Dios y la luz curativa de Dios me rodea y me protege. Cuando mis pensamientos divagan en el temor, la duda o la preocupación sé que la mente colectiva piensa en mí. De inmediato, afirmo con audacia: 'Mis pensamientos son los pensamientos de Dios, y el poder de Dios está en mis pensamientos del bien'."

Siga identificándose con la oración anterior y reflexione sobre ella y usted se elevará por encima de la discordia, confusión y extremos y tragedias de la vida. Dejará de experimentar las alzas y bajas y disfrutará de una vida constructiva, vital y activa, llena de creatividad y ritmo.

COMO ESTAR EN ARMONIA CON EL INFINITO

Hace algunos meses, una mujer de Carolina del Norte me escribió: "El mundo va de mal en peor, nuestra moral se encuentra en un punto muy bajo, la corrupción está desenfrenada y la violencia de los adolescentes, el crimen y el escándalo son las noticias de todos los días. En cualquier momento nos puede aniquilar una bomba atómica. ¿Cómo nos ponemos en contacto con Dios en medio de toda esta degeneración, pornografía, corrupción y perversidad en la que nos encontramos?"

Le contesté de la siguiente manera y admití que lo que ella decía era verdad, pero que la Biblia indica: " . . . *salid de enmedio de ellos, y apartaos*" (II Corintios 6:17). Tiene que tener la habilidad y la capacidad de elevarse sobre la negación del mundo y de llevar una vida feliz y completa en donde esté. Le señalé que todo lo que tenía que hacer era mirar a su alrededor para encontrar a miles de personas que son felices, vitales, alegres y libres, quienes llevan vidas constructivas y contribuyen a la humanidad en incontables formas.

Hemos sido testigos de los extremos del período victoriano con todos sus tabúes y restricciones sexuales, y estas represiones fueron la causa por la cual la gente se inclinó al extremo opuesto que estamos experimentando en la actualidad en lo referente a la inmoralidad, y el libertinaje generalizados en diversas partes del mundo.

La naturaleza actúa en extremos. La historia fue testigo de fábricas donde la gente, aun los niños, trabajaban bajo condiciones indescriptibles y la paga era inadecuada, así como la vivienda y los alimentos; en realidad era una especie de esclavitud. En la actualidad, surgió una oscilación hacia la dirección opuesta en Inglaterra, Estados Unidos de Norteamérica y otros países, donde algunos sindicatos son tan despóticos que hasta han cerrado el sistema de transporte de toda una ciudad.

El antiguo proverbio hebreo dice: "El cambio eterno está en la raíz de todas las cosas". Usted debe encontrar un ancla en su interior para sujetarse y hacer un ajuste Divino. Esté en armonía con el Poder Infinito en su interior y deje que la Presencia la guíe, dirija y gobierne en todos sus caminos. Puede encontrar sabiduría Divina en su mente consciente afirmando que la sabiduría de Dios unge su intelecto, es una lámpara para sus pies y una luz en su camino. Le proporcioné la siguiente oración a la preocupada dama de Carolina del Norte:

La oración que cambió una vida, y puede cambiar la suya

"Estoy consciente de que no puedo cambiar al mundo, sin embargo, sé que yo misma sí puedo cambiar. El mundo es un conjunto de individuos y me doy cuenta de que las personas a las que gobierna la mente colectiva, la propaganda y las opiniones comunes están sujetas a tragedias, penas, accidentes, enfermedades, y fracasos en la vida hasta que aprenden a controlar su mente con ideas Divinas que curan, bendicen, inspiran, elevan y dignifican sus almas. Advierto que la mayoría de la gente se encuentra bajo oscilaciones de la mente colectiva, llena de errores, creencias falsas y negaciones de todo tipo.

A partir de este momento, dejo de combatir las condiciones o situaciones, ya no me rebelo ante las noticias de subversión, inmoralidad y corrupción en las altas esferas. Escribo cartas constructivas a los congresistas, senadores, productores de películas y periódicos y rezo para que todas las personas de todo el mundo tengan acción correcta, belleza, armonía y paz. Estoy en armonía con el Infinito, y la Ley y el Orden Divinos gobiernan mi vida. Me guía y me inspira la forma Divina. El amor Divino llena mi alma y olas de luz, amor, verdad y belleza van hacia adelante como una ola vigorosa de vibración espiritual que tiende a elevar a todos los hombres, pues se dice: "*Y, yo, si fuere levantado, a todos atraeré a mí*". (San Juan 12:32)."

Un resultado feliz de esta oración

Esta joven me telefoneó recientemente para informarme: "Su carta fue la revelación más grande de mi vida. Estoy en "las nubes". Ahora advierto que nadie tiene que cambiar mas que yo misma. ¡Al estar en armonía con el Infinito estoy en armonía con la Presencia de Dios en los corazones de todos los hombres y mujeres del mundo!"

La Biblia dice: "*Mucha paz tienen los que aman tu ley, y no hay para ellos tropiezo*" (Salmos 119:165).

PUNTOS DE ESTE CAPITULO PARA RECORDAR

1. Puede guiar sus pensamientos, imágenes, emociones y reacciones tan fácilmente como puede guiar su automóvil en la dirección adecuada.
2. Puede organizar sus pensamientos para que consideren sus deseos, metas y objetivos en la vida. Usted es el jefe, y usted moldea, forma y crea su propio destino.
3. Cuado usted reza sus palabras deben estar llenas de vida, amor y sentimiento; de esta manera sus afirmaciones son creativas.
4. Todos nosotros tenemos oscilaciones de fortuna hasta que decidimos controlar nuestras vidas y pensar en forma constructiva como lo ordena Dios; de otra manera, estaremos sujetos a la mente colectiva que cree en todas las formas de enfermedad, accidentes, tragedias y desgracias.
5. Mucha gente viaja por todo el mundo, sin embargo no viajan dentro de ellos mismos. Viaje por su interior en forma mental y espiritual y descubrirá, en sus profundidades, las riquezas del cielo.

6. Todo lo que realiza y experimenta en la vida se debe a sus pensamientos conscientes e inconscientes. Piense bien y vendrá lo bueno.
7. Puede decidir pensar lo que elija acerca de cualquier cosa; sus pérdidas o sufrimientos no están relacionados con la forma en que elija pensar acerca de ello.
8. No puede perder nada a menos que admita la pérdida en su mente. Identifique el dinero que ha perdido mental y emocionalmente y su subconsciente le responderá y multiplicará su experiencia.
9. La "mente colectiva" significa la mente funcionando en tres mil millones de personas en este planeta. Está compuesta de buenos y malos pensamientos; sin embargo, la fase dominante de la mente colectiva es negativa, está llena de temores, dudas, supersticiones, odios, envidias, avaricia y lujuria de millones de personas.
10. Puede elevarse en forma triunfante sobre la negación del mundo y llevar una vida feliz y completa al entronar en su mente ideas que curan, bendicen, inspiran, elevan y dignifican su alma.
11. Póngase en armonía con el infinito y esté consciente y sienta el Poder y la Presencia Infinita que gobiernan su vida y usted llevará una vida balanceada y creativa, libre de las grandes oscilaciones del destino.
12. Se puede elevar por encima de la servidumbre y cautiverio de la mente colectiva al exaltar a Dios en su interior y percibir que el amor de Dios llena su alma y su sabiduría unge su intelecto.

CUATRO

COMO PUEDE LIBERAR AL PODER INFINITO PARA BENEFICIAR TODAS LAS FASES DE SU VIDA

Durante mis recorridos de conferencias, en una ocasión, dirigí la palabra a un grupo de personas en las montañas de Colorado. En el curso de una conversación posterior, durante una comida, mi anfitrión comentó que la mayoría de las personas se preocupan mucho y, en consecuencia, se privan de una vida completa y feliz. Me contó acerca de un hombre maduro que vivía en una de las cabañas en las montañas cercanas. Los vecinos le tenían lástima porque siempre parecía estar cansado, deprimido, preocupado y solitario. Vestía harapos y tenía un viejo automóvil del año de 1928; tenía el aspecto de no tener porqué vivir y no parecía tener parientes ni amigos. De vez en cuando, iba a la tienda de abarrotes e invariablemente compraba pan viejo y alimentos baratos, y por lo regular, pagaba en forma frugal con centavos y quintos.

Cuando no apareció durante un par de semanas, los vecinos fueron a su choza y lo encontraron muerto. El alguacil registró la vieja choza con el fin de buscar nombres de parientes o alguna clave sobre su identidad real. Descubrió, para el asombro de todos, que el pobre viejo tenía más de $100,000 dólares en paquetes de $25 dólares. Era evidente que había ganado mucho dinero con anterioridad y que nunca lo había depositado en bancos ni lo había invertido.

Había adquirido mucho dinero, sin embargo, no lo empleó para llevar una vida mejor ni para propósitos altruísticos. Además no lo invirtió en forma sensata para obtener intereses y dividendos. Mi anfitrión indicó que al viejo lo había dominado el temor; le preocupaba que la gente supiera de su dinero y se lo robara.

Pensó en forma muy negativa, tenía una fortuna interior y exterior que compartir en una vida buena; pudo tener mucha alegría y felicidad.

USTED TIENE UNA FORTUNA QUE COMPARTIR

La casa del tesoro de lo infinito se encuentra en su interior; es propietario de la llave que le abre el almacén de todo tipo de tesoros. La llave es su forma de pensar, la cual le proporcionará bastante más fortuna de toda clase que la que tuvo el viejo solitario y temeroso y mucho más de todo lo que usted desea. Tiene la llave del poder más maravilloso y admirable del mundo, el poder del Infinito que se encuentra en su interior.

La Biblia dice: " . . . *helo aquí porque el reino de Dios está entre vosotros*" (San Lucas 17:21). Primero busque el conocimiento y esté consciente de esta Presencia y Poder interior, y todas las cosas que desea le serán otorgadas.

Recuerde, sus poderes son los poderes de la naturaleza Divina; la persona común y corriente, por lo regular, por ignorancia no los usa. Usted tiene una fortuna que puede compartir, al despertar el don de Dios que se encuentra en su interior. Puede compartir los dones del amor y buena voluntad con otros; puede compartir una sonrisa y un saludo alegre; puede felicitar y apreciar a sus compañeros de trabajo y empleados; puede compartir ideas creativas y el amor de Dios con todos los que están a su alrededor.

Puede ver la inteligencia y la sabiduría de Dios en sus hijos e hijas y convocarlas con conocimiento y sentimiento, y lo que afirme y sienta será resucitado en sus vidas. Puede tener una nueva idea que vale una fortuna, un invento, una comedia, un libro o una idea creativa y expansiva en su negocio o profesión, que lo bendecirá a usted y a otros.

Recuerde que la única oportunidad que tiene es la que usted se busca solo; y es la oportunidad de la vida. Empiece ahora a utilizar mentalmente el depósito infinito que se encuentra en su interior y descubrirá que se está moviendo hacia adelante, hacia arriba y hacia Dios.

COMO SE PUEDE ELEVAR A LA ALTURA DE SUS DESEOS

Hace algunos años, durante un discurso, la Sra. Vera Radcliffe, nuestra organista en la iglesia en Los Angeles, relató un drama impresionante de las pruebas y tribulaciones de Paderewski antes de que fuera famoso en todo el mundo. Los compositores famosos y las autoridades de música de su tiempo le habían indicado que no tenía futuro como pianista y que debería olvidarlo. Los profesores en el Conservatorio de Varsovia, donde estudiaba, trataron, de la mejor forma posible, de desalentarlo. Le señalaron que sus dedos no estaban bien formados y que mejor escribiera música.

Paderewski rechazó sus pronunciamientos negativos y se identificó con sus poderes interiores; se dio cuenta en forma subjetiva de que tenía una fortuna que podía compartir con los hombres de todo el mundo, es decir, la melodía de Dios y la música de las esferas.

Todos los días practicaba árdua y diligentemente durante horas. El dolor lo torturaba en miles de sus conciertos y como dijo la Sra. Radcliffe, en ocasiones sus manos lastimadas sangraban. Sin embargo, perseveró y su tenacidad le pagó fabulosos dividendos. Los poderes interiores respondieron a su llamado y a su esfuerzo; estaba consciente de que la llave de su triunfo era su contacto con el Poder Divino que se encontraba en su interior. Con el transcurso del tiempo, en todo el mundo se reconoció el genio de Ignace Paderewski y hombres de todas las esferas sociales honraron a este hombre, quien tocaba y sentía en su interior su unidad con el Gran Músico, el Arquitecto Supremo del mismo universo.

El secreto de Paderewski para tener éxito

Al igual que Paderewski, usted también tiene el poder

de rechazar por completo las sugerencias negativas de aquellos que le dicen con autoridad que usted no puede ser lo que desea. Debe estar consciente, como Paderewski, de que la Presencia de Dios que le dio el deseo y el talento es el mismo Poder que le abrirá la puerta y le revelará el plan perfecto para que sus sueños se hagan realidad.

Confíe en el Poder Infinito que se encuentra en su interior y descubrirá que esta Presencia y Poder interno lo elevará, curará, inspirará y colocará en el camino fácil hacia la felicidad, serenidad y realización de sus ideales.

COMO ENFRENTARSE A LO QUE PARECE SER INJUSTICIA MUNDANA

Durante una visita a Hawaii, un ejecutivo joven me comentó: "No hay justicia en el mundo; todo es muy injusto; las corporaciones no tienen alma, no tienen corazón; trabajo mucho, inclusive después de la hora de salida, sin embargo, a los que están bajo mis órdenes los promueven y a mí me pasan de largo. ¡Todo es tan injusto e incorrecto!"

Mi explicación fue el remedio para la furia de este hombre. Reconocí que existe injusticia en el mundo y que como dijo Robert Burns: "La crueldad del hombre hacia el hombre es la causa por la que miles de personas se lamentan", pero la ley de la mente subconsciente[1] es impersonal y eminentemente justa todo el tiempo.

La mente subconsciente acepta la impresión de su pensamiento y reacciona en consecuencia. Es la serie de velas lo que determina el rumbo, y no los vientos. Es su pensamiento interno, sentimiento e imagen, en otras palabras, su actitud mental, la que actúa dentro de usted, en lugar de los vientos de pensamiento negativo y las olas de temor del exterior lo que hace la diferencia entre la promoción y el éxito, el fracaso y la pérdida. La ley es justa y matemáticamente exacta, y sus experiencias son reproducciones exactas de sus imágenes y pensamientos habituales.

Le relaté al joven ejecutivo, en forma breve, la cono-

[1] Joseph Murphy, El Poder de Su Mente Subconsciente (Englewood Cliffs, N. J.: Prentice-Hall, Inc., 1963)

cida historia de los trabajadores del viñedo, donde todos recibían un denario; aun aquellos que llegaron a la onceava hora recibieron el mismo salario que los que habían trabajado todo el día; también los que llegaron a la tercera hora, la sexta hora y la novena hora recibieron lo mismo. Cuando notaron que los hombres que habían trabajado únicamente una hora recibieron el mismo salario, sintieron envidia y se enojaron, pero la respuesta que recibieron fue: *"¿No conviniste conmigo en un denario?* (San Mateo 20:13). La ley afirma claramente en San Mateo 18:19: "*. . . Si dos de vosotros se pusieran de acuerdo en la tierra acerca de cualquier cosa que pidieren, les será hecho por mi Padre que está en los cielos*". Esto significa que cuando su mente consciente y subconsciente conviene con la promoción, éxito, abundancia y acción correcta, la ley de su mente subconsciente las honrará, ejecutará y realizará en su experiencia.

Agregué: "Usted está lleno de resentimiento, enojo, condenación y crítica en contra de la organización que lo emplea. Estas sugerencias negativas entran a su subconsciente y han dado como resultado la pérdida de la promoción, incremento económico y prestigio."

Un programa específico y una fórmula para su empleo diario

Le proporcioné la siguiente fórmula espiritual y mental para que la pusiera en práctica tolos los días:

"Reconozco que las leyes de mi mente son justas y que lo que imprimo en mi mente subconsciente se reproduce en forma precisa y matemática en mi mundo físico y en los acontecimientos. Estoy consciente de que estoy usando un principio de la mente, la cual es completamente impersonal. Soy igual ante las leyes de la mente, lo que significa justicia, legalidad e imparcialidad y advierto que mi subconsciente es totalmente impersonal e imparcial.

Comprendo que he estado enojado, lleno de resentimiento y celoso y que también me he menospreciado, criticado y condenado y además me he perseguido, asaltado y torturado físicamente, y sé que "como la ley actúa en el interior actúa en el exterior"; por lo tanto mi jefe y asociados ratifican y confirman en forma objetiva lo que he pensado y sentido en forma subjetiva.

Lo que acepto por completo en mi mente, obtendré en mi experiencia, sin tomar en cuenta las condiciones, circunstancias ni los poderes que existen. Deseo tener éxito, prosperidad y promoción para todos mis asociados y exudo buena voluntad y bendiciones para todas las personas en todo el mundo. La promoción es mía, el éxito es mío, la acción correcta es mía, la riqueza es mía. Conforme afirmo estas verdades, estoy consciente de que están depositadas en mi mente subconsciente, y el medio creativo y las maravillas están sucediendo en mi vida.

Todas las noches, antes de dormir, imagino a mi esposa felicitándome por mi maravillosa promoción. Siento la realidad de todo esto, mental y emocionalmente. Mis ojos están cerrados y tengo sueño, y letargo, estoy en un estado mental pasivo, y receptivo, sin embargo, escucho sus palabras de felicitación y veo sus gestos. Toda la película mental es vívida y realista y me duermo en este estado de ánimo, sabedor de que: '*A su amado dará Dios el sueño*' (Salmos 127:2)."

Este ejecutivo descubrió que la ley de su mente establecía justicia (conformidad a los principios de su mente). Al entronar pensamientos, imágenes y sentimientos correctos en su mente consciente, su subconsciente respondió en consecuencia. Esta es la igualdad de la mente; las leyes de su mente son las mismas ayer, hoy y siempre. Al final de unos cuantos meses después de repetir este proceso de oración, este ejecutivo fue elegido presidente de su corporación y está prosperando más allá de lo que se imaginó.

COMO UNA MUJER COMPARTIO SU FORTUNA Y SE VOLVIO MAS RICA

Hace algunos años, tuve muchas pláticas interesantes con una canadiense. Me informó que consideraba su fortuna y su dinero como el aire que respiraba; se sentía tan libre como el viento. Desde que era niña esta mujer había afirmado: "Soy rica, soy la hija de Dios. Dios me dio en forma ilimitada todas las cosas para disfrutar". Esta era su oración diaria.

Ha acumulado millones de dólares y ha proporcionado ayuda a colegios y universidades, por medio de becas para muchachos y muchachas que las merecen, además ha fundado hospitales y centros de capacitación para enfermeras en lugares remotos. Disfruta al dar en forma sabia, juiciosa y constructiva; y es más rica que antes.

Por qué los ricos se vuelven más ricos y los pobres más pobres

Un día me comentó: "El antiguo aforismo es absolutamente cierto: 'Los ricos se vuelven más ricos y los pobres más pobres'. A los que viven en la conciencia de afluencia y abundancia, les fluye la riqueza por medio de la ley cósmica de atracción. Los que esperan pobreza, privación y carencias de todo tipo están viviendo en la conciencia de la pobreza, y por la ley de su propia mente atraen más carencias, miserias y privaciones de todo tipo".

Lo que manifestó es completamente cierto. Muchas personas que viven en condiciones pobres, están celosas y resentidas por la riqueza de sus vecinos, lo que da como resultado aún más carencias, limitaciones, pobreza en sus vidas. Con toda probabilidad están bloqueando, sin advertirlo, su propio bien. Sin embargo, tendrían una fortuna que compartir si solo abrieran sus mentes a la verdad de ser y estuvieran conscientes de que ellos también tienen la clave que abre la puerta de la casa del tesoro o la mina de oro que se encuentra en su interior.

La siguiente ilustración muestra cómo cualquier hombre tiene una fortuna que compartir.

SU FORTUNA SE ENCONTRABA DONDE EL ESTABA, PERO NO LA VEIA

Un amigo mío, que vivía en Alaska del Norte, una vez me escribió que la vida era insoportable. Sentía que había cometido un trágico error por haberse ido a Alaska a buscar fortuna, su matrimonio era un fracaso total, los precios eran exhorbitantes y era imperioso engañar y cobrar de más. Cuando fue al tribunal a disolver su matrimonio, el juez que era un pillo, lo engañó. Para concluir informó que no existe la justicia en este mundo.

Lo que dijo era bastante cierto. Todo lo que necesitamos es leer los periódicos matutinos de cualquier área metropolitana y nos enteramos de asesinatos, crímenes, robos, asaltos, violaciones, fechorías y abuso de poder y corrupción en las altas esferas y venalidades de los jueces en las cámaras legislativas, no obstante, debemos recordar que todo esto lo realiza el hombre. *"Por lo cual salid de enmedio de ellos y apartaos"* (II. de Corintios 6:17).

Puede elevarse sobre la mente colectiva, las crueldades y la avaricia del hombre uniéndose al principio de la acción correcta y la justicia absoluta que se encuentra en su interior. Dios es justicia absoluta, armonía absoluta, dicha absoluta, amor ilimitado, alegría completa, orden absoluto, belleza indescriptible, sabiduría absoluta, y poder supremo. Todos estos son atributos, cualidades y potencias de Dios. Cuando usted medita sobre estas cualidades y contempla las verdades de Dios, se eleva por encima de la injusticia y las crueldades del mundo y contribuye con una convicción contraria a todas las creencias falsas y conceptos erróneos.

En otras palabras, edifica una inmunidad Divina, una especie de anticuerpo espiritual a la mente colectiva.

Esta explicación fue el preludio de mi respuesta directa a mi amigo. Le escribí y le sugerí que se quedara donde estaba y que yo sospechaba que él deseaba huir de sus responsabilidades y sólo estaba buscando un escape. Le redacté una oración breve de la siguiente manera:

"Donde estoy, está Dios; Dios mora en mí y Dios me necesita donde estoy ahora. Esta Presencia de Dios en mi interior es la inteligencia infinita y sabiduría absoluta y me revela el paso a seguir para que abra los tesoros de la vida. Doy gracias por la respuesta que me llega como un sentimiento intuintivo o una idea que surge espontáneamente de mi mente".

Siguió mi consejo y finalmente se reconcilió con su esposa; compró una cámara y tomó fotografías de Canadá del Norte y Alaska y escribió narraciones y amasó lo que él considera una pequeña fortuna. Transcurrió un año y me envió $ 2,000 dólares como regalo de Navidad con la sugerencia de que tomara unas vacaciones en Europa; seguí su consejo.

Este hombre encontró la felicidad utilizando la casa del tesoro que se encontraba en su interior y descubrió que su fortuna se encontraba donde él estaba.

COMO UN PROFESOR DESCUBRIO UNA FORTUNA

Recientemente, conversé con un profesor universitario que estaba muy enojado porque su hermano, chofer de camión, ganaba $ 15,000 dólares y él recibía $ 8,000 dólares al año. Dijo: "Todo es injusto; debemos cambiar el sistema; yo trabajé mucho y me esforcé bastante durante seis años para obtener mi diploma de Doctor en Filosofía y mi hermano ni siquiera estudió la secundaria".

Este profesor era brillante en su campo en particular, pero no estaba consciente de las leyes de la mente. Le comenté que una mesera en mi restaurante favorito gana más de $ 300 dólares a la semana, con propinas, y le indiqué que estas disparidades de las que él hablaba se encuentran en todos lados.

Le expliqué al profesor que él podía elevarse sobre la mente colectiva, llamada en algunas ocasiones la mente de la raza, o la ley de promedios, es decir, la mente de los cinco sentidos, la mente que piensa, desde el punto de vista de las circunstancias, condiciones y tradiciones.

De acuerdo con mi sugerencia empezó a practicar el "tratamiento del espejo" todas las mañanas, el cual consistía en pararse frente al espejo y afirmar: "La riqueza es mía; el éxito es mío; la promoción es mía ahora". Continuó afirmando estas declaraciones por aproximadamente cinco minutos todas las mañanas pues sabía que estas ideas se impregnarían en su mente subconsciente.

En forma gradual, empezó a sentirse como si todas estas

condiciones fueran verdad, y al final de un mes recibió una oferta de $ 13,000 dólares al año de otra universidad. De repente, descubrió una aptitud para escribir y su manuscrito fue aceptado por una compañía editora grande, lo que le redituará ingresos considerables.

El profesor descubrió que no era víctima del "sistema" o de la escala de salarios delineada por la universidad. Su fortuna estriba en el descubrimiento del poder escondido que se encuentra en su interior.

COMO LA FE DE UNA SECRETARIA REALIZO MARAVILLAS PARA ELLA

Una secretaria legal se quejaba conmigo: "Nunca tengo oportunidades; el jefe y las otras muchachas de la oficina son malos y crueles conmigo. He sido maltratada en mi casa y por mis parientes durante toda mi vida. Debe haber alguna clase de mal ojo persiguiéndome. No sirvo; debería suicidarme".

Le expliqué que ella era mentalmente cruel con ella misma y que su autoflagelación y lástima debían tener justificación y confirmación en el plano externo de su vida. En otras palabras, las actitudes y acciones de los que están a su alrededor atestiguan el estado interno de su mente y se ajustan a éste.

Entonces, de inmediato, cesó de castigarse a sí misma y aprendió que: *"Así también la fe, si no tienes obras, es muerta en sí misma"* (Santiago 2:17). ¿Qué es la fe? *"Es, pues la fe, la certeza... de lo que no se ve"* (Hebreos 11:1). La fe es la imagen mental que se manifiesta con el tiempo. Toda imagen mental confirmada tendrá buenos resultados.

Esta secretaria, por mi sugerencia, se imaginó a sí misma recibiendo felicitaciones de su jefe por un trabajo muy eficaz y también se imaginó que le ofrecía un aumento de salario.

Difundió en forma constante amor y buena voluntad a su jefe y a todas sus asociadas.

Sostuvo fielmente su imagen mental muchas veces al día durante varias semanas, y se quedó sin habla, cuando su jefe la felicitó por su trabajo y además le pidió que se casara con él. En unas cuantas horas, al terminar este capítulo, tendré el honor de ser el clérigo oficiante.

Descubrió la clave que le abrió la casa del tesoro. Su fe probó ser: *"Es, pues, la fe la certeza de lo esperado, la convicción de lo que no se ve"*. (Hebreos 11:1).

PUNTOS DE ESTE CAPITULO PARA RECORDAR

1. Su fortuna empieza con usted; su pensamiento y su sentimiento crean su destino. Todos los poderes, atributos y potencias de Dios están encerrados en su mente subconsciente y usted tiene la clave que abre el tesoro que se encuentra dentro de usted, es decir, su pensamiento.
2. Existe un poder escondido en su interior que puede elevarlo sobre una enfermedad, curarlo y ponerlo en el camino de la felicidad, serenidad y todas las bendiciones de la vida.
3. Puede obtener de su mente subconsciente una idea que vale una fortuna. Llame a la Inteligencia Infinita que se encuentra dentro de usted para que le proporcione ideas creativas, y las recibirá.
4. Por medio de perseverancia, paciencia y determinación alcanzará la cima y se elevará a las alturas de su profesión o ideal en la vida. Tenga muchas ambiciones. Tiene el poder de rechazar, por completo, las declaraciones negativas de otros, y confíe en el Poder Supremo que se encuentra en su interior, el cual nunca falla.
5. Son las velas las que determinan su fortuna y no los vientos. Es su pensamiento, su sentimiento e imagen interior lo que determina su futuro y le trae las riquezas de la vida. Esta es la justicia de la mente. Olvide las desigualdades y las injusticias del mundo o la mente colectiva.
6. Si está de acuerdo con la vida "por un penique al día", la vida responde en consecuencia.
7. Lo que le imprima a su subconsciente, bueno o ma-

lo, aparecerá como forma, función, experiencia y hechos en su vida.

8. Esté consciente de que Dios le dió ricamente todas las cosas de la vida para disfrutarlas. Pida estos dones y las riquezas fluirán a su vida; cuanto más regale más recibirá.
9. Su fortuna se encuentra donde usted está. Puede elevarse sobre todas las carencias y limitaciones del mundo, si se une mental y emocionalmente con las cosas buenas que desea, su subconsciente responderá en consecuencia.
10. Si quiere obtener dinero y disfrutar de una vida abundante deje de compararse con los demás y no les tenga envidia por sus riquezas ni por sus éxitos.
11. Su fe es la esperanza segura de que la imagen mental que usted afirma será manifestada.

CINCO

COMO PREVER EL FUTURO Y RECONOCER LA VOZ DE LA INTUICION

Una de las facultades más desconcertantes de la mente humana es la previsión o la habilidad de percibir un hecho futuro antes de que suceda en el plano objetivo o material de la vida. En ocasiones, he tenido un vislumbre anticipado de hechos que han ocurrido días, semanas y, algunas veces, meses después.

Por ejemplo, en enero de 1967, un ministro, amigo mío, me visitó y me sugirió que organizara un recorrido de conferencias con él a la Tierra Santa para el mes de mayo. Le contesté que lo pensaría y le avisaría.

Le hablé a mi mente subconsciente esa noche, antes de dormir, y afirmé de la siguiente manera: "Inteligencia Infinita que te encuentras en mi mente subconsciente, Toda Sabiduría revélame la decisión correcta en lo referente al viaje propuesto a Israel, Jordania, etc.".

Esa noche en particular, tuve un sueño vívido en el que veía los titulares de guerra tanto en el "Los Angeles Times" como en el "Citizen News". En sueños, también fui testigo de una violenta batalla aérea y con tanques entre los israelíes y los árabes. Fuí testigo de una acción vívida de cosas que vendrían en forma aparente, cinco meses después. Al despertar le telefoneé a mi amigo y le conté acerca del contenido de mis sueños y, en forma singular, él también había tenido un sueño similar. El, de igual manera, había pedido orientación Divina.

Por lo tanto, ambos descartamos la idea de realizar el recorrido de conferencias en la Tierra Santa. Hechos subsecuentes, la tragedia de la guerra árabe-israelí, probaron la verdad de la visión interna que habíamos tenido.

La Biblia dice: *"Confía en Jehova* (la Ley de su mente subconsciente) y *haz el bien; y habitarás en la tierra, y te apacentarás"* (Salmos 37:3).

SU FUTURO SE ENCUENTRA EN SU MENTE AHORA

Su mente está llena de pensamientos, creencias, opiniones, impresiones y conceptos diversos, tanto buenos como malos. La Ley Cósmica de la mente es que lo que aceptamos y creemos mentalmente será manifestado y solidificado en nuestras vidas.

Si fuera posible que usted fotografiara de alguna manera el contenido de las mentes subconscientes de sus amigos, usted podría predecir, en forma precisa, sus futuros y determinar los eventos que le sucederán a cada uno de ellos. El Dr. Rhine de la Universidad Duke ha presentado extensas pruebas de la percepción extrasensorial, como la clarividencia, precognición, clariaudición, retrocognición y telecinética en incontables experimentos, los cuales han sido documentados.

Una persona muy intuitiva, un buen psíquico, o un clarividente médium podría percibir el contenido de su subconsciente y ver en forma clara (clarividencia) las experiencias y los hechos, tanto buenos como malos, que usted experimentará próximamente en la pantalla del espacio. La razón de esto es que sus pensamientos, creencias, planes y propósitos y su manifestación están completos en la mente, de la misma forma como las ideas de un edificio nuevo están en la mente del arquitecto, y un buen clarividente puede verlos en forma precisa.

Para elaborar un poco más, me gustaría afirmar que es posible para una persona intuitiva, en un estado mental perceptivo, pasivo y subjetivo, interceptar el contenido de la mente subconsciente de otra persona y revelarlo a la mente consciente o al yo alerta de esa persona. En otras palabras, en un estado pasivo, de semitrance, una persona psíquica o muy sensitiva está en armonía con las decisiones planes, ideas, temores, fobias, fijaciones y estados deseados y la aceptación subjetiva del matrimonio, divorcio, empresas comerciales, viajes y varias otras impresiones de la otra persona.

El psíquico o médium que está en armonía con sus sentimientos subjetivos, creencias, e impresiones interpreta todas éstas en su propia terminología y predice en consecuencia. A menudo, el psíquico o el clarividente es extraordinariamente preciso, no siempre un 100%, pero en algunas ocasiones muy aproximado.

Debe recordar que lo que un médium ve o siente debe ser filtrado a través del contenido de su propia mente y coloreado por ésta, y por esa razón, resulta un poco diferente con cada médium o psíquico. Por eso, en algunas ocasiones, recibe diferentes versiones o interpretaciones de diferentes intérpretes o psíquicos.

COMO LA PRECOGNICION SALVO UNA FORTUNA Y ADQUIRIO UNA NUEVA

Llevo amistad con un prominente corredor de bienes raíces, quien me comentó que todas las noches de su vida antes de dormir había meditado sobre el Salmo 91 y había pedido Divina orientación, protección y rectitud de actos en todas sus actividades. Una noche a principios de 1966, después de un vívido sueño profético en el que vió los titulares de un periódico local anunciando una gran baja en el mercado, tuvo un impulso tenso e intenso de vender todas sus acciones preferenciales en las que tenía $ 400,000 dólares invertidos; manifestó que parecía como si una voz interior se lo ordenara en forma persistente.

Siguió el impulso intuitivo y al día siguiente hubo una gran baja y dichas acciones no han vuelto a tener sus alzas anteriores; algunas han bajado 20 y 30 puntos. Sus ahorros fueron cuantiosos, y desde entonces, ha vuelto a comprar muchas de esas acciones a un precio bastante más bajo y de esa manera, amasó otra pequeña fortuna.

Su comentario fue: "Ahorré una fortuna y amasé una fortuna". El vió el hecho antes de que sucediera y escuchó la voz de la intuición. Intuición significa "Enseñanza del interior".

COMO LA PREVISION DE UNA MADRE SALVO LA VIDA DE SU HIJO

Entrevisté a una madre agitada, deshecha emocionalmente, cuyo hijo era piloto de la Fuerza Aérea en Vietnam. Estaba sufriendo por un sueño recurrente que la angustiaba mucho. En el sueño veía el avión de su hijo en llamas y él le pedía que le prestara ayuda, luego vió cómo se estrellaba el avión en el mar. Ella estaba segura de que su hijo se había ahogado.

Todas las mañanas despertaba atormentada, durante más de una semana, y cuando estaba despierta sus pensamientos estaban llenos de temor y presagios.

Le expliqué a esta aturdida madre, de la mejor forma posible, que era un presentimiento de desastre, sin lugar a dudas, y que ella al estar en armonía subconscientemente con su hijo, había recogido las señales de su temor inconsciente al peligro. No obstante, podía prevenirlo, puesto que era obvio que aún no había sucedido porque no había recibido noticias oficiales; además, el sueño recurría noche tras noche, vaticinando lo que iba a suceder. Le indiqué qué debía hacer, es decir, alcanzar su concepto más alto de Dios y Su amor.

Empezó a pensar en Dios como en el Principio Infinito de la Vida de amor absoluto, sabiduría ilimitada, omnipotente, dicha completa, lleno de paz y armonía y alegría absoluta y siguiendo mi consejo, colocó mentalmente a su hijo bajo el amoroso cuidado de Dios, pues percibió que su hijo mora en el lugar secreto del Más Alto y permanece bajo la sombra del Omnipotente. También se imaginó a su hijo en la casa, feliz, alegre y libre y sintió cómo la abrazaba.

Esta madre dirigió y guió sus pensamientos durante todo el día para adherirse a este patrón espiritual de oración. Mentalmente se concentró en la luz, amor, poder y paz de Dios hasta que se volvieron reales para ella, y en esa atmósfera espiritual colocó a su hijo.

Al seguir esta línea de pensamientos, su pesadilla se fue desvaneciendo después de la quinta noche. Sus sentimientos hacia su hijo habían cambiado de temor a fe y confianza de que estaba bien y en perfectas condiciones y bajo el cuidado de la bondadosa Providencia.

Algunas semanas después, cuando preparaba la comida, su hijo entró y la abrazó. Había regresado de Vietnam y la quería sorprender. Le dijo: "¡Madre no sé cómo estoy vivo! Mi avión se estrelló después de que le dispararon pero no se incendió; salí ileso y sucedió lo más extraordinario: Sabía que el avión estaba fuera de control, sin embargo, no sentí temor, escuché una voz que me decía claramente 'Dios te está cuidando' y supe que estaba a salvo".

La Biblia dice: *"Pues a sus ángeles mandará acerca de ti, que te guarden en todos tus caminos"* (Salmos 91:11).

Una cosa es evidente de esta experiencia: La madre estaba en armonía con su hijo, en forma telepática, puesto que en la mente no existe el tiempo ni el espacio, y por medio de la oración purificó su mente del temor que rodeaba a su hijo con el amor, luz, armonía y paz de Dios. Esto despejó el camino de la respuesta de una Providencia que guía para liberar a su hijo de una muerte a la que, de otra manera, no hubiera podido escapar. Su fe y su confianza le fueron comunicadas a su hijo, quien experimentó la alegría de la oración contestada.

COMO EL SUEÑO DE UN PADRE REFERENTE A LA MUERTE DE SU HIJO AYUDA A PREVENIR LA TRAGEDIA

Un corresponsal de la Ciudad de Nueva York me escribió:

Querido Dr. Murphy: "Es casi imposible manifestarle mi agradecimiento. Me impresionó mucho el libro "Las Sorprendentes Leyes del Poder de la Mente Cósmica".[1] He aprendido a orar en forma científica por medio del estudio

[1] Joseph Murphy, Las Sorprendentes Leyes del Poder de la Mente Cósmica (West Nyack, N. Y.: Compañía Editorial Parker, S. A., 1965).

de cada capítulo. ¡Ha sido una revelación para mí!

Uno de mis hijos estaba transportando un cargamento de Nueva York a Chicago. Una noche, hace algunas semanas, tuve un sueño; ví su camión viajando cuesta arriba y él parecía estar dormido. Al lado derecho había una montaña alta y del otro lado, una barranca profunda. De repente, el camión chocó contra el peñasco y se volteó. En mi sueño repetí: "Dios lo cuida, a Dios le importa y Dios lo ama".

Luego desperté, estaba temblando por la aprensión del desastre. Abrí la Biblia y leí en voz alta el Salmo 91, el gran Salmo de Protección, cambié el tiempo a tercera persona, y oré por mi hijo durante aproximadamente media hora; empecé con: *"El mora en el lugar secreto... él permanece bajo la sombra del Omnipotente..."* y así sucesivamente. En forma gradual sentí que la paz me invadía.

Posteriormente, durante la semana en la que mi hijo llegó a casa, me comentó que se había quedado dormido mientras manejaba. El camión se había volcado y él se despertó abajo de éste, entre las llantas, milagrosamente, a salvo y sin ningún rasguño. Luego le conté acerca de mi sueño y de mi oración durante el sueño y él contestó: "Papá, tu oración me salvó la vida".

COMO AYUDAR A PREVENIR TRAGEDIAS Y REVESES DE LA FORTUNA

La oración sí cambia las cosas; innumerables biografías lo atestiguan. Cuando hablo de oración, quiero decir la contemplación de las verdades de Dios, desde el punto de vista más alto. Al pensar en forma constructiva, basado en principios universales, puede cambiar los patrones negativos de su mente y, a partir de eso, llevar una vida fascinante. En otras palabras, al llenar su mente con las verdades de Dios, usted neutraliza, borra y erradica de su mente todo lo que es distinto a Dios. Usted evitaría todas las experiencias negativas, como accidentes y desastres de todo tipo. Su escapatoria de la mala fortuna debería coincidir con su habilidad de elevarse en su consciente. *"Yo, si fuere levantando, . . . a todos atraeré* (manifestaciones y experiencias) *a mí mismo*" (San Juan 12:32).

Al contemplar las verdades eternas y lo que es verdad de Dios, se separa de la mente colectiva, o ley de promedios, la que domina al conjunto de la humanidad.

Cuando entra en la paz de Dios y permite que Su paz fluya en su interior, como un río dorado de vida y amor, usted ha tocado la Realidad, o Dios, al igual que este padre mientras oraba por su hijo.

"¿POR QUE HUBO UNICAMENTE PREDICCIONES NEGATIVAS REFERENTES A MI FUTURO?"

Un corresponsal de Alaska me envió la pregunta antes mencionada.

Usted debe recordar que su mente subconsciente es un almacén de memorias y que muchas sugerencias y verdades incompletas y creencias falsas han sido aceptadas, sobre las que su mente consciente no tiene conocimiento alguno. En muchas ocasiones, esto sucede puesto que lo que está impregnado en su mente subconsciente se exterioriza tarde o temprano, a menos de que sea cambiado por medio de oraciones para lo mejor.

En otras palabras, cualquier persona que recibe una sugerencia o una predicción referente a si misma, de naturaleza indeseada, puede prevenirla, pensando en forma constructiva sobre la realidad y verdad de Dios, como la armonía, paz, amor, belleza, acción correcta Divina y amor Divino. Cuando se contemplan estos principios universales se realiza una reorganización de los patrones de su subconsciente para adaptarse a la configuración mental de sus pensamientos e imágenes.

Es posible predecir, con cierto grado de precisión, acerca de una persona, una raza, una nación o el mundo entero, porque la mayoría de los seres humanos cambia poco. Viven con las mismas antiguas creencias, tradiciones, conceptos de raza, prejuicios y temores. Practican, más o menos, una serie de patrones que pueden ser interpretados con facilidad por los que están en armonía, en forma intuitiva, con sus vibraciones mentales.

COMO LA PREVISION SOLUCIONO EL PROBLEMA DE UN DOCTOR

Un médico amigo mío, quien estaba escribiendo un libro, necesitaba información especial acerca de la medicina antigua en Babilonia y Egipto. Tenía la idea de que la información podía encontrarse en un museo de Nueva York, pero él residía en Los Angeles y le era imposible trasladarse a dicha ciudad.

Le sugerí que fijara su mente, inmovilizara su atención y cuando estuviera listo para dormir hablara a su mente profunda en forma autoritaria de la manera siguiente: "La Inteligencia Infinita en mi interior conoce las respuestas y me proporciona la información necesaria para mi libro".

Se quedó dormido con la palabra "respuesta", y esa misma noche tuvo un sueño que le indicaba que visitara una vieja librería en el centro. Al entrar a la tienda, el primer libro que eligió le facilitó la información deseada.

Recuerde que su subconsciente es uno con la Intelilgencia Infinita y con la sabiduría ilimitada, además, es totalmente sabia y sabe qué clase de respuestas desea usted. Puede darle la contestación por medio de un sueño, en forma de una corazonada, o como un sentimiento de que es guiado por el camino correcto. De repente sentirá el impulso de ir a algún lugar, u otra persona puede darle la solución.

COMO LA CLARIVIDENCIA SALVO UNA VIDA

Recientemente, pronuncié un discurso en un banquete y un oficial joven, recién llegado de Vietnam, se sentó junto a mí y me relató una experiencia fascinante acerca de la voz que "salió de la nada".

Se encontraba bajo órdenes y conducía un jeep con el fin de entregar un mensaje en su cuartel general local. Un oficial joven estaba sentado junto a él, y mientras conducía a alta velocidad por la carretera, escuchó la voz de su madre que decía en forma clara y precisa: "¡Detente, John. Detente. Detente!" Frenó de repente, y su acompañante le preguntó: "¿Por qué, qué pasa?" Y él le contestó: "¿No escuchaste la voz que ordenaba, detente detente?" Pero su compañero no había oído nada.

Cuando se bajaron del jeep para inspeccionarlo, descubrieron que una llanta estaba floja; si hubieran continuado otros cuantos metros, el vehículo se hubiera disparado sobre un precipicio al lado de la carretera y ellos hubieran sido destrozados de tal manera que hubieran quedado irreconocibles.

Su madre se encontraba en San Francisco, y él indicó que ella oraba por él todas las noches y todas las mañanas y también durante el día, en forma regular; siempre afirmaba: "El amor de Dios y toda la armadura de Dios rodea a mi hijo en todo momento".

Este joven comprendió que la voz que había escuchado era una advertencia de su mente subconsciente, la cual trataba de protegerlo y que había respondido, sin duda alguna, en forma vigorosa a la oración de su madre.

En momentos de gran emergencia o peligro, descubrirá que su mente subconsciente proyecta la voz de una persona a quien usted obedece de inmediato, porque usted quiere a esa persona y ella goza de su confianza. Le hablará en una voz que su mente consciente aceptará al instante. Por lo tanto, no será la voz de alguna persona de quien usted desconfía o que le es antipática.

COMO PROTEGERSE A SI MISMO Y A OTROS DE EVENTOS DESAFORTUNADOS

En algunas ocasiones podrá tener un sueño precognitivo, acompañado de un profundo sentimiento intuitivo de peligro inminente para usted o algún ser querido.

Si su sueño vaticina eventos desdichados o trágicos relacionados con usted o sus seres cercanos, no decida que es sólo una fabricación de la imaginación o una alucinación inofensiva.

Ore acerca de la advertencia o presentimiento de la siguiente manera, y si su oración es para alguna otra persona, utilice su nombre:

Una oración protectora efectiva

"Estoy consciente de que Dios es el único Poder y Presencia y comprendo que la Presencia de Dios es amor, orden, belleza, paz, perfección y armonía. La paz interior de Dios fluye ahora en mi interior como un río; reconozco la dicha y el orden perfecto que existe y siempre ha existido. Estoy sumergido en la mente de Dios, y Dios me considera perfecto, completo y total; estoy sumergido en la Omnipotencia Santa. Toda la armadura de Dios me rodea y me cubre y me envuelve y abajo se encuentran todas las armas eternas".

Afirme las verdades de esta oración y persevere hasta que la nube se disipe y la carga desaparezca. Obtendrá paz y tocará la Realidad. Se habrá unido conscientemente con el Omnipotente y entonces, las fuerzas divinas se apresurarán a suministrarle la alegría eterna.

"Por tanto, os digo que todo lo que pidiéreis orando, creed que lo recibiréis y os vendrá" (San Marcos 11:24).

PUNTOS DE ESTE CAPITULO PARA RECORDAR

1. Una de las facultades más profundas de su mente es su habilidad de tener una previsión de las cosas que vendrán, en algunas ocasiones, como un sueño y una visión en las profundidades de la noche.
2. Siempre puede pedir a su mente subconsciente orientación específica acerca de cualquier empresa, como inversiones, viajes, matrimonio, etc.
3. El futuro ya se encuentra en su mente, porque todos los pensamientos, creencias, convicciones e impresiones de su mente subconsciente se convertirán, por la misma ley de su mente, en formas, funciones, experiencias y eventos.
4. El Dr. Rhine de la Universidad Duke, en sus expe-

rimentos ha documentado experiencias de clarividencia, precognición, clariaudición, retrocognición y otras fases de percepción extrasensorial, conocida comúnmente como E. S. P. (por sus siglas en inglés).

5. Un psíquico o un médium competente puede comunicarse o "estar en armonía" con el contenido de su mente subconsciente y consciente e interpretar en su propia terminología, lo que percibe para luego predecir en consecuencia.
6. Usted podrá obtener interpretaciones diferentes de distintos clarividentes o médiums, puesto que ellos filtran lo que ven a través de sus propias mentalidades y, por lo tanto, pueden surgir ciertas variaciones con cada uno.
7. El sentido de intuición puede desarrollarse mucho en usted si constantemente afirma que la Inteligencia Infinita lo está guiando en todos sus caminos.
8. Si usted tiene algún pariente en una zona de guerra y tiene un sueño vívido de que está en peligro, ore por él y esté consciente de que donde él está se encuentra Dios y que su amor, luz, verdad y poder lo protegen y lo cuidan. Al aplicarlo en forma correcta, usted puede prevenir una tragedia.
9. Usted siempre está telepáticamente unido con sus seres queridos, y sus oraciones para ellos pueden curarlos, bendecirlos y protegerlos.
10. Cuando usted tenga un vívido sueño precognitivo de peligro para un hijo, hija o amigo lea las grandes verdades del Salmo 91 y mencione el nombre de la persona, hasta que la mente entre en un estado de reposo en Dios.
11. La oración cambia su mente subconsciente y la de la otra persona, y elimina, de esa manera, la causa de la tragedia inminente o de la situación desafortunada.
12. Al contemplar las verdades eternas, usted se aleja de la mente colectiva o de la ley de promedio y edifica sus convicciones opuestas a las de la mente colectiva, y así establece su inmunidad al peligro.

Su mente subconsciente es un almacén de memorias, donde muchas sugerencias, verdades incompletas y creencias falsas se han fijado. Ocupe su mente consciente con las verdades de Dios y erradicará y borrará todos los patrones negativos.

14. Es bastante fácil predecir el futuro de la persona común y corriente, puesto que la mayoría de la gente no difiere mucho en su patrón de pensamiento.
15. Es posible para usted escuchar la voz clara de su madre, aunque se encuentre a 10,000 millas de distancia. Su subconsciente elige una voz que usted escuchará y obedecerá instantáneamente.
16. Puede cambiar cualquier patrón negativo visualizado en su mente si está consciente de la Presencia y el Poder de Dios, al reconocer que la Presencia de Dios es la presencia del orden, armonía, paz alegría, salud, amor y perfección.

SEIS

COMO LA MENTE INFINITA REVELA LAS RESPUESTAS EN LOS SUEÑOS Y EL SIGNIFICADO DE LAS EXPERIENCIAS FUERA DEL CUERPO

La Biblia dice: *Por sueño, en visión nocturna, cuando el sueño cae sobre los hombres, cuando se adormecen sobre el lecho; entonces revela al oído de los hombres y les señala su consejo*" (Job 33:15, 16).

"*Pero siendo avisados por revelación en sueños que no volviesen a Herodes, regresaron a su tierra por otro camino*" (San Mateo 2:12).

La Biblia está repleta de relatos de sueños, visiones, revelaciones y advertencias que surgen durante el sueño. Cuando usted duerme su mente subconsciente está completamente despierta y muy activa, puesto que nunca duerme. Usted recordará que José interpretó el sueño del Faraón en forma correcta y lo que sucedió posteriormente. El éxito que tuvo al predecir el futuro le proporcionó prestigio, honor y reconocimiento del rey.

Cuando usted está soñando, su mente consciente se encuentra suspendida y dormida. Por lo regular, su mente subconsciente habla en forma simbólica, y ésta es la razón por la que a través del tiempo los hombres han buscado los servicios de comentaristas o intérpretes de sueños. Usted está familiarizado, sin duda alguna, con el hecho de que muchos psicólogos, psiquiátras, y psicoanalistas de la escuela de Freud y de Jung y psicoterapeutas eclécticos estudian los sueños en una forma muy seria y tratan de interpretarlos a la mente del paciente. Muy a menudo, de las explicaciones de los sueños resulta el descubrimiento de conflictos, fobias, fijaciones y otros complejos mentales.

Todos sus sueños son dramatizaciones de su subconsciente y en muchos casos, le advierten sobre los peligros inminentes. Algunos sueños son definitivamente precognitivos y sondean con exactitud el futuro; en otros sueños puede llegarle la respuesta a sus oraciones. Todos los sueños de naturaleza negativa están sujetos a cambios y ninguno es fatalista.

Su subconsciente, en su estado de sueño, le está revelando la naturaleza de lo que se le imprimió y le está señalando el curso que está tomando su vida. Los análisis de las investigaciones de sueños muestran que los símbolos que aparecen en el subconsciente individual son personales y se aplican únicamente a cada individuo; y el mismo símbolo en otro sueño puede tener aún otro significado completamente diferente.

En otras palabras, su sueño es personal y se aplica únicamente a usted, aunque pueda mostrar su relación con otra persona.

EL ANALISIS DE UN SUEÑO INTERESANTE

Hace algunos meses, una estudiante de una universidad local que había leído mi libro *"El Poder de Su Mente Subconsciente"*[1] me pidió una entrevista. Durante la conversación me comentó: "He soñado durantes tres noches consecutivas que me encontraba en un banquete ofrecido al Gobernador Rockefeller de Nueva York y que estaba sentada a su lado pues era la invitada de honor. ¿Qué significa?" Le expliqué que era su propio sueño y cuando se interpretara debería tener significado para ella. Le pregunté qué significaba para ella asistir a un banquete con Rockefeller. De inmediato, respondió que simbolizaba riqueza, prestigio, honor y reconocimiento. Entonces agregué probablemente su subconsciente estaba presagiando algún honor y reconocimiento especiales y tal vez, además, mucha riqueza. Parecía estar de acuerdo con ésto y con su significado.

[1] Joseph Murphy, El Poder de Su Mente Subconsciente (Englewood Cliffs, N. J.: Prentice-Hall, Inc. 1963).

Dos semanas después, obtuvo una beca que le permitió estudiar en Francia y su abuela murió y le heredó $ 50,000 para su educación y uso personal.

Asimismo, recibió una invitación para asistir al banquete de inauguración del Gobernador Reagan; concurrió y se divirtió mucho.

Notará que ella no interpretó el sueño en sentido literal. Su disciplinada facultad imaginativa, llamada "José" en la Biblia, puede despojar al sueño de su forma y descubrir la idea escondida detrás del símbolo.

COMO UN SUEÑO CONDUJO A UNA MUJER HACIA EL HOGAR DESEADO

Una joven señora que vivía en Beverly Hills experimentó un sueño recurrente durante seis noches consecutivas. En su sueño recorría la casa que deseaba comprar, conocía a sus ocupantes, acariciaba al perro y platicaba con la criada española en su idioma; examinaba la cochera y el ático y todos los cuartos de su casa.

El domingo siguiente, después de asistir a la iglesia, ella y su esposo salieron a dar un paseo en coche. Al pasar por el área de Brentwood, vió la casa que había soñado; dicha casa exhibía un letrero de "En venta por el propietario. Casa abierta".

Los dos entraron; el propietario de la casa, su esposa, la criada y el perro parecían estar muy asustados e impresionados. El perro empezó a gruñir y a ladrar salvajemente, como si esuviera viendo algo sobrenatural.

Después de que transcurrieron unos minutos, el propietario se disculpó y dijo: "Hemos visto a una mujer parecida a usted pasear por la casa subiendo y bajando por la escalera varias veces por la noche y temprano por la mañana. Nuestra criada estaba muy asustada al igual que el perro".

La explicación de este sueño es sencilla

Esta joven mujer les explicó que había estado rezando

con el fin de encontrar la casa adecuada, y todas las noches le pedía a la Inteligencia Infinita de su mente subconsciente que la condujera a su hogar ideal, el cual debía ser espacioso, hermoso, central e ideal en todo sentido.

Sin duda alguna, al quedarse dormida con la idea predominante de una casa en su mente, le encomendó a ésta una misión que "tenía que cumplir". De repente, mientras soñaba, se encontró afuera de su cuerpo físico pero poseedora de un sentido esotérico y atenuante de su propio ser que le permitía viajar a través de puertas cerradas y "desintegrarse" en el tiempo y espacio. Se encontró en esta casa y se familiarizó con todas sus partes y con sus ocupantes. Les manifestó que ella, también, estaba impresionada cuando los conoció, pues los había visto varias veces en sus sueños.

Su viaje "extrasensorial" real

Esta mujer proyectó su cuerpo astral y la gente de la casa la percibió como una aparición cuando los visitó. Esta percepción fue visual y auditiva, puesto que escucharon sus pasos y la vieron claramente. Ella percibió su propio cuerpo físico en su cama y en su casa y sabía que estaba viajando y funcionando en su cuerpo de cuarta dimensión. Tales cuerpos proyectados pueden ser percibidos como fantasmas o apariciones por las personas que son muy sensitivas y están en armonía, psíquicamente, con las vibraciones más altas o con una demostración psíquica.

Esta joven mujer y su esposo compraron la casa y durante todos los procedimientos de transferencia de dominio de la casa hubo una atmósfera llena de armonía.

COMO EL SUEÑO DEL AUTOR SE CONVIRTIO EN UNA EXPERIENCIA VIVIENTE

En una ocasión visité la Universidad Forest de Yoga, en Rishikesh, India, al norte de Nueva Delhi, con el propósito de dictar una conferencia. Unas noches antes de tomar el avión para emprender el viaje, experimenté unos sueños vívidos del lugar y conocí, por medio de estos sueños, a todos los profesores y estudiantes.

Cuando llegué, descubrí que estaba familiarizado con el lugar y con todas las casas, salones de conferencia, maestros y estudiantes. Le indiqué a uno de los asistentes cual era el cuarto que me habían asignado y se lo describí; además le precisé el tipo de comida que me iban a servir. Hasta le dije lo que me iba a platicar después, puesto que había escuchado su voz con anterioridad. Se impresionó y comentó: "Usted debe ser clarividente y debe tener clariaudición".

Le expliqué la experiencia de la siguiente manera: Sabía que iba a dictar una conferencia en la Universidad Forest de Yoga y mientras estaba profundamente dormido, mi cuerpo místico, conocido en algunas ocasiones como el cuerpo astral (el cual tiene exactamente la misma forma que mi cuerpo físico, mas oscila y vibra a una frecuencia mucho más alta, pero, no obstante, es un "cuerpo") viajó a ese lugar y así convirtió el sueño vívido en una experiencia consciente posterior.

En otras palabras, fuí allá en mi cuerpo astral, conversé mentalmente, pero en forma natural, con muchas personas y escuché sus voces y sus respuestas. Además, en este tipo maravilloso de viaje psíquico astral observé todas las bellezas del Río Ganges, las Himalayas y la hermosura de la campiña.

"Lo conocí con anterioridad en un sueño"

Cuando me presenté al Yogui Sivenanda, director del Ashram, él exclamó: "¡Lo ví antes, en diversas ocasiones, en mis sueños y también escuché su voz!" Le manifesté que la experiencia había sido mutua, que había estado visualizando un viaje maravilloso y se lo había imprimido a mi mente subconsciente y "Me quedaba dormido con este pensamiento". Asimismo, le dije que lo había conocido en forma subjetiva en un estado de sueño que se realizó, puesto que mientras mi cuerpo estaba durmiendo en Beverly Hills, California, me encontraba en un cuerpo nuevo de visita en todos los lugares de su Ashram y escuchando todas las voces. En ese momento, al estar ahí en forma consciente y objetiva, en efecto estaba experimentando todos los estados que había sentido en forma subjetiva durante mi viaje extrasensorial. En otras palabras, lo que veía y escuchaba en forma objetiva, lo había visto y escuchado, con anterioridad, en forma subjetiva.

El Yogui Sivenanda me vió en sus sueños en forma clarividente y puesto que tiene clariaudición, escuchó mi voz, porque usted puede pensar, hablar, actuar, viajar y hasta mover todo tipo de objetos fuera de su cuerpo; puede ver sin ser visto, comprender y ser comprendido, y también puede comunicar mensajes e informar sobre todo lo que observa. Todas sus facultades, tales como la vista, oído, gusto, olor y tacto pueden ser duplicados en la mente solos e independientemente de sus cinco sentidos. Esto prueba, en forma exclusiva, que usted puede vivir afuera de su cuerpo actual y que la Inteligencia Creativa que se encuentra en su interior tiene la intención de que usted use estas facultades que trascienden del cuerpo tridimensional de su ambiente actual.

COMO SU SUEÑO TRATO DE PROTEGER SU SALUD

Un hombre que se encontraba, aparentemente, en perfecto estado de salud soñó en diversas ocasiones, que lo estaban operando debido a un trastorno de la glándula prostática. Me preguntó si debía consultar a un doctor para que lo sometiera a una revisión, pero afirmó que no tenía síntomas o dolor alguno. Había venido a pedirme consejo sobre un problema marital de naturaleza emocional. Le expliqué, hasta cierto grado, cual era el funcionamiento de su mente subconsciente; es decir, que trata de protegerlo, a cualquier costo, y que indudablemente, *el subconsciente le estaba advirtiendo del peligro inminente de alguna lesión o mal funcionamiento orgánico.* El subconsciente razona por deducción partiendo de una base de realidad y, en consecuencia, le reveló el problema por medio de un sueño.

El comprendió que el sueño era personal y que mi explicación o interpretación debía estar de acuerdo con su percepción intiuitiva.

Le sugerí que de inmediato consultara a su médico y se sometiera a una revisión completa. Sin embargo, demoró la visita al doctor. En unos cuantos días se le presentó una constricción y un bloqueo urinarios y sufrió de dolores agudos. Su médico lo trasladó al hospital y un urólogo eminente lo sometió a una operación. Lo visité en el hospital poco tiempo después, y él me comentó: "Le debí prestar más atención a mi sueño y debí actuar con más prontitud". No obstante, informo con gusto que se recuperó en forma maravillosa, conforme continuó llenando su mente subconsciente con pensamientos de integridad, armonía, vitalidad y salud perfecta.

Usted se dará cuenta de que la mente subconsciente de esta persona le estaba advirtiendo, en realidad, que hiciera algo, puesto que estaba consciente de la infección y del agrandamiento de la próstata. Es probable, que el estado que ya existía causó la idea de presagio o el presentimiento de una operación, si bien él cometió un error al demorar una revisión médica.

Las palabras del proverbio antiguo son verdaderas: "La noche, (sueño) provee consejo".La clave de su aplicación práctica puede desarrollarse a través de su conciencia psíquica.

LAS DIFERENTES CLASES DE SUEÑO

Existen diversas clases de sueño, muchas de las cuales se deben a trastornos estomacales, agitación mental y emocional, molestia corporal, deseos sexuales anormales o reprimidos y diferentes temores y creencias superficiales.

Sin embargo, existen sueños por medio de los cuales usted puede ver el futuro aún antes de que suceda, sueños que le proporcionan una respuesta precisa a una oración, y a menudo, usted recibe instrucciones, en su estado de sueño, que le indican la acción que debe tomar.

COMO UN SUEÑO ADVIRTIO A UNA MUJER QUE ESTABA COMPROMETIDA

Una joven dama me relató acerca de una respuesta extraordinaria que recibió por medio de un sueño. Por la noche, antes de dormir, afirmaba: "Inteligencia Infinita en mi mente subconsciente revélame la respuesta en lo referente a mi matrimonio propuesto con ....". Por la noche tuvo un sueño, más bien extraño, en el que vió a su prometdo en la cárcel, detrás de las rejas, y un guardia con una pistola estaba afuera de su celda. Un hombre apareció en su sueño y preguntó: "¿No reconoces a este hombre?" Se despertó de repente muy agitada e intuitivamente por medio de su sueño percibió que el hombre de su sueño era su prometido.

Le telefoneó a su hermano, quien era detective en la policía local, y éste averiguó acerca de su novio. Su hermano descubrió que este hombre tenía una esposa en la ciudad de Nueva York a quien había abandonado, y además que había pasado cinco años de su vida en prisión; le había ocultado todo. De inmediato, rompió su compromiso y estuvo muy agradecida por la orientación interna que trata de protegernos solamente con escucharla.

"Yo, el Señor, le apareceré en visión, en sueño hablaré con él". (Números 12:6).

COMO PREPARAR SU MENTE ANTES DE DORMIR

Cuando usted entra al estado de somnolencia y está soñoliento, hay una manifestación de su mente subconsciente y usted se encuentra en un estado mental sumamente sensible. El pensamiento o sentimiento que tiene antes de dormir es transmitido de inmediato a su mente subconsciente, la que empieza a actuar sobre su petición o deseo de orientación. El poder creativo de su mente subconsciente está en espera con el fin de responder y actuar sobre sus deseos, ideas e instrucciones que usted emite en forma consciente, en su estado mental "despierto".

Además, recuerde que su mente subconsciente es impersonal y no es selectiva, aceptará tanto sus pensamientos negativos, resentidos y llenos de odios como los buenos, y actuará en consecuencia.

El subconsciente magnifica y multiplica lo que usted deposite ahí, bueno o malo; por lo tanto, es de suma importancia que usted limpie su mente de pensamientos inquietantes, y angustiados de cualquier tipo y de esta manera creará un canal despejado para que las energías Divinas fluyan por su interior en forma constructiva.

Una técnica efectiva para utilizar todas las noches

Repase los eventos del día y lo que sucedió en forma de conflictos, argumentos o molestias, y afirme para sí en forma calmada: "Yo me perdono libre y completamente el haber abrigado estos pensamientos negativos y por la manera negativa en que manejé y respondí a este o a aquel problema. Resuelvo que la próxima vez solulcionaré los problemas en forma correcta. Irradio amor, paz, dicha y buena voluntad para todos los que me rodean y para todos en general. El amor de Dios me llena el alma y me regocijo del éxito y la felicidad de mis asociados y de todos los hombres y mujeres en todo el mundo. Estoy en paz; duermo en paz esta noche, despierto dichoso y vivo en Dios; agradezco la felicidad de una oración contestada".

COMO EL SUEÑO DE UNA MADRE PROTEGIO A SU HIJA

Recientemente, recibí una carta de una mujer, quien indicó que había estado usando las oraciones sugeridas en uno de mis libros: *"El Milagro de la Dinámica de la Mente"*[2] para ella y para su hija.

Una noche tuvo un sueño aterrador, vió a su hija adolescente violada y estrangulada por un muchacho. Esto sucedía en un automóvil en un carretera de la campiña.

2 Joseph Murphy, El Milagro de la Dinámica de la Mente (Englewood Cliffs, N. J.: Prentice-Hall, Inc. 1964).

Toda la experiencia fue una pesadilla horrible y despertó gritando.

Decidió actuar sobre su advertencia, sabedora de que no existía tal cosa como destino inexorable, y que la tragedia podía prevenirse, si estaba en armonía con Dios y oraba. Oró de la siguiente manera: "Mi hija es la hija de Dios; donde ella está, está Dios; Dios es armonía, paz, belleza, amor, dicha y poder. Mi hija está sumergida en la Presencia Santa de Dios y toda la armadura de Dios la rodea. Dios su Padre Amoroso, la cuida. Ella mora en el lugar secreto del Omnipotente y permanece en la sombra del Todopoderoso". Después de meditar durante aproximadamente diez minutos, la madre sintió paz y tranquilidad y se volvió a dormir.

Por la mañana, llamó a su hija por larga distancia, sin embargo, no la localizó en la escuela, pues en ese Estado era día festivo. Durante el día continuó orando por su hija. En la noche, su hija la llamó y le dijo: "Madre, te ví en mis sueños anoche, y me rogaste que no saliera a pasear en coche con uno de los muchachos de la escuela porque él es muy agresivo y lo lamentaría, sin lugar a dudas. ¡Me turbé mucho! En la mañana, él me llamó y me invitó a pasear por la campiña en su automóvil, me rehusé alegando que me sentía mal.

Mi amiga salió con él, a pesar de mis súplicas pues le había contado mi sueño. La violó y trató de estrangularla y ahora se encuentra en el hospital, y la policía lo está buscando puesto que desapareció de su casa".

Existe una comunicación telepática en todo momento entre miembros de la familia y seres queridos o amigos íntimos. La oración de la madre por su hija fue recibida por ésta en forma subjetiva, lo que evitó un desastre potencial en su vida.

La Biblia dice: *"Pues a sus ángeles mandará acerca de ti, que te guarden en todos tus caminos. En las manos te llevarán, para que tu pie no tropiece en piedra"* (Salmos 91:11 ,12).

PUNTOS DE ESTE CAPITULO PARA RECORDAR

1. Los sueños son dramatizaciones de su mente subconsciente, por lo regular, aparecen en forma simbólica. Su imaginación disciplinada puede despojar al sueño de su forma de revelar su contenido oculto.
2. Algunos sueños son precognitivos, por lo que usted ve un evento futuro antes de que suceda. La razón de esto se debe a que en el principio de la mente no existe el tiempo ni el espacio.
3. Los sueños de naturaleza negativa pueden ser contrarrestados si se pone en armonía con la Presencia de Dios que se encuentra en su interior e identifica las verdades de Dios mental y emocionalmente, transformando así los patrones negativos en su mente subconsciente.
4. Es posible, por medio de viajes astrales ser guiado hacia la casa adecuada, para visitarla y ver a los ocupantes y los muebles.
5. Cuando está dormido y en un estado profundo de sueño, puede ser posible proyectar su cuerpo psíquico, el cual puede percibirse por otros como una aparición o visión.
6. Hace algunos años, tuve un profundo sueño vívido. Me encontraba fuera de mi cuerpo a miles de kilómetros de distancia en la Universidad Forest de Yoga, en India, donde, por medio de un viaje extrasensorial, entré a todos los edificios y conocí a los maestros y estudiantes.
7. Usted puede ver, escuchar, sentir, oler, y paladear y viajar independientemente de su organismo físico. Todas las facultades de sus sentidos pueden ser duplicadas en su mente. Por lo tanto, existe la intención de que usted use estas facultades y poderes en forma independiente de su cuerpo y ambiente físicos.
8. Usted puede soñar que se sometió a una operación. Esto puede ser la voz intuitiva de su subconsciente la cual le advierte que tiene una lesión en su

cuerpo o que algunos de sus órganos no funcionan bien. Podría ser conveniente someterse a un examen médico. Las insinuaciones y recomendaciones de su subconsciente son protectoras.

9. Existen toda clase de sueños. Si se queda dormido cuando está enojado o lleno de resentimiento su mente subconsciente puede dramatizar estas impresiones negativas como pesadillas, tales como un tigre que lo ataca, etc. Quédese dormido por las noches en el espíritu de perdón y bienestar para todos.
10. Una buena técnica a seguir antes de dormir es limpiar su mente de todo lo negativo y llenarla de las verdades de Dios, con el deseo de amor y buena voluntad para todos. Afirme: "Duermo en paz, despierto dichoso y vivo en Dios".
11. La Biblia dice: *"Yo, el Señor, le apareceré en visión, en sueños hablaré con él'* (Números 12:6). Esta es su autoridad Divina.

SIETE

COMO LA MENTE INFINITA SOLUCIONA PROBLEMAS Y SALVA VIDAS POR MEDIO DEL MISTERIO DE LAS IMPRESIONES DE LOS SUEÑOS

Durante mi experiencia como consejero, he descubierto que a personas de todas las esferas sociales les fascinan los sueños. En la actualidad, en los laboratorios de investigaciones médicas, equipos de psicólogos y doctores están llevando a cabo experimentos sobre los sueños de hombres y mujeres, y han llegado a la conclusión de que todas las personas sueñan; además, en caso de pruebas extensivas, estos científicos han descubierto que si se despierta a los sujetos periódicamente mientras están soñando, la pérdida de sueños puede ocasionar transtornos mentales, emocionales y hasta físicos.

Muchas personas están familiarizadas con los nombres de Freud, Jung y Adler, quienes han adquirido fama por haber explorado los sueños de sus pacientes. Por medio del estudio de los sueños de sus sujetos, estos hombres han evolucionado las diferentes escuelas de psicología, es decir, Psicoanálisis (Freud), Psicología Analítica (Jung) y Psicología Individual (Adler). Los tres han escrito, en forma extensa, sobre el campo de los sueños y sus interpretaciones y conclusiones varían en forma considerable. Estas diferencias son tan conflictivas y de tanta variedad que no trataré de discutirlas en este libro.

Sin embargo, el propósito de este capítulo y de este libro es mostrar que la clave para solucionar problemas, a menudo, se presenta en un sueño como una respuesta definida y clara.

COMO SOLUCIONO BILLY SU PROBLEMA POR MEDIO DE UN SUEÑO

Billy tiene once años y en ocasiones escucha mis conferencias, pues sugerí a sus padres que todos los muchachos y muchachas de doce años de edad y mayores deben asistir a éstas. Son capaces de comprender esta enseñanza.

Billy me comentó que su madre le obsequió el libro sobre Hawaii, intitulado "La Isla del Tesoro". Lo leyó ávidamente, y como estaba consciente de la forma en que funciona, hasta cierto punto, la mente subconsciente (a la que llama subi) le hablaba todas las noches, antes de dormir, de la siguiente manera: "Subi voy a ir a Hawaii de vacaciones; voy a ir en avión y nadaré en el océano, recorreré una de las islas en una bicicleta y viviré en un penthouse. Por favor, contéstame claramente".

No discutió esto con su hermano, ni con su padre o madre. Después de hacerle estas sugerencias a su mente subconsciente tuvo un sueño donde vió claramente un penthouse, el nombre de un hotel "Maui Hilton", y la isla de Maui de la cadena de islas de Hawaii. Al día siguiente le manifestó a su madre: "Mamá, vamos a ir de vacaciones a Hawaii" y le relató todos los detalles.

Ella rió y comentó: "Bueno, esas son novedades. ¿De dónde sacaste esa idea?"

Billy le contestó: "Todo lo que sé es que vamos a ir y que viviremos en el penthouse de un hotel". Su madre no le prestó atención y pensó que era una excentricidad de una mente joven.

Dos semanas después, el padre de Billy (quien desconocía todo lo referente al sueño) le sugirió a su esposa que fuera de vacaciones con los dos muchachos a Hawaii como premio a su hijo porque había sacado excelentes calificaciones en la escuela. El había conocido muy bien el lugar cuando estuvo ahí como oficial de la marina y le gustaba mucho. Agregó que él correría con todos los gastos.

Billy gritó: "¡Te lo dije mamá, nos vamos a Hawaii!"

Todos los detalles del sueño del muchacho se convirtieron en realidad, incluyendo el penthouse, exactamente como lo había soñado.

Usted notará que el muchacho experimentó el sueño claramente. La mente subconsciente es receptiva a sugerencias y también se dará cuenta de que Billy dijo: "Quiero una respuesta clara"; su mente subconsciente respondió en consecuencia.

LA IMPORTANCIA DE SOÑAR EN FORMA LITERAL

Durante varios años le he sugerido a mi subconsciente, antes de dormir: "Sueño en forma literal y clara, y recuerdo mi sueño". Parece que en un período de tiempo he convencido a mi mente subconsciente, en vista de que cerca del 90 por ciento de mis sueños son literales, de la misma manera que usted lee su periódico matutino. He recibido muchas respuestas, en sueños, a mis oraciones.

Su mente consciente puede dirigir, y lo hace, las actividades de su mente durante el sueño. Usted puede detener las repeticiones de "sueños desagradables", pesadillas o sueños que lo atemorizan. Su mente consciente[1] controla a su subconsciente y usted puede alterar la naturaleza de sus sueños usando su capacidad para elegir y rechazar los pensamientos e ideas que usted emplea para disciplinar sus reflexiones y aficiones durante el día. De esta manera, el hábito de controlar sus sueños estará, gradualmente, bajo su propia jurisdicción.

Cómo un sueño salvó una vida

Un miembro de mi congregación me telefoneó y me pidió que le diera una bendición por su próximo viaje a Europa, se la dí y afirmé algo como: "El amor y la armonía Divinos te anteceden para que tu camino sea alegre, feliz y glorioso. Los mensajeros de Dios de la vida, amor, verdad y belleza te cuidan en todo momento, y cualquier clase

[1] Joseph Murphy, El Poder de Su Mente Subconsciente (Englewood Cliffs, N. J.: Prentice-Hall, Inc. 1963).

de transporte que utilices representa la idea de Dios moviéndose de lugar a lugar libre, dichosa y amorosamente. Siempre te encuentras en la bóveda secreta del Omnipotente, y te cuida la Presencia Todopoderosa".

Esa noche tuve un sueño en el que ví a esta mujer claramente en Inglaterra mientras compraba un boleto para dirigirse a Francia, y ví en llamas el avión en el que viajaría. La llamé por teléfono al día siguiente y le dije que, por lo regular, sueño en forma literal debido a las sugerenecias que le hago a mi mente subconsciente. Le pregunté si planeaba viajar a Francia durante su viaje a Europa y contestó: "Sí". Luego le relaté lo que había visto en mi sueño y le aconsejé que no volara a Francia.

Ella contestó: "Le estoy muy agradecida por su llamada. Mi hermano en la siguiente dimensión apareció anoche en mi sueño y dijo: 'Hermana, no te atrevas a tomar ese avión de Inglaterra a Perpignan, Francia'; luego desapareció. Cancelé el viaje, pues tengo un presentimiento abrumador de que éste sería desastroso".

Posteriormente los titulares de los periódicos publicaron la noticia del viaje fatal, murieron 88 personas.

Al haber llegado hasta este punto del libro, usted comprenderá fácilmente la causa de los sueños. Mientras ella y yo orábamos juntos por teléfono, impregnábamos y activábamos nuestra mente subconsciente, la que comprende todo y sabe todo, y ésta respondió en forma simbólica en su caso y en forma literal en el mío.

La autoconservación es la primera ley de la vida y su subconsciente siempre trata de protegerlo y evitarle daños de cualquier tipo. Además, recuerde que la armonía y la discordia no se mezclan; por lo tanto, ella no podía estar en el avión que se incendió, puesto que afirmé que el amor y la armonía Divinos la antecederían para que su camino fuese recto y dichoso.

La aparición de su hermano fue una dramatización de su mente subconsciente; es Completamente Sabia y reconoce la voz que usted escuchará. Su hermano la educó, pues su padre había muerto cuando ella era una niña; había desempeñado el papel de padre para su hermana, la había mandado a la universidad y había corrido con todos sus gastos. Algunos meses antes de su sueño, había pasado a la siguiente dimensión.

COMO UN NIÑO CONTROLO SU SUBCONSCIENTE EN UN SUEÑO

Una madre me trajo a su pequeño hijo, quien noche tras noche, acostumbraba leer y escuchar cuentos de fantasmas. Y todas las noches, un fantasma vestido con una sábana blanca y con cara horripilante le decía: "Te voy a llevar conmigo, eres malo". Este sueño era desolador para el niño pues despertaba gritando y llorando.

Le sugerí al niño que dejara de leer cuentos de fantasmas porque la mente más profunda magnificaba los pensamientos y las ilustraciones que tenía en su mente consciente antes de dormir. Además, le aconsejé: "Cuando el viejo fantasma llegue, en tu sueño, debes ser amable con él, pues probablemente es un viejo solitario quien en verdad quiere a los niños y desea que seas amable con él. Tal vez perdió a un hijo y está tratando de ser cordial con un muchacho que se parece a éste. Esta noche cuando te duermas, si llega, recíbelo con 'Hola, soy tu amigo y te quiero', estrecha su mano y ofrécele unas galletas de las que hace tu madre".

Esa noche se llevó las galletas a la cama y las colocó abajo de su almohada, y cuando apareció el hombre, su madre, quien dormía en el mismo cuarto lo oyó decir en sueños: "Hola, soy tu amigo y te quiero. Aquí hay unas galletas para tí; las hace mi madre y son muy sabrosas" y sacó las galletas y se las ofreció a la figura fantasmal. Luego desapareció su temor abrumador; se relajó y su sueño fue tranquilo y natural y se liberó de sus horribles pesadillas.

Había aceptado mis sugerencias y siguió mis instrucciones, las cuales contrarrestaron la temible impresión que había impregnado en su mente en forma inconsciente. Trabó amistad, en sueños, con el supuesto espectro lo que le proporcionó paz a su mente agitada.

COMO PUEDE USTED CAMBIAR UN SUEÑO INQUIETANTE

Muchas personas acostumbran leer cuentos de asesinatos y de detectives o ver dramas violentos por la televisión y depositan estos pensamientos e ilustraciones inquietantes en su mente subconsciente cuando se duermen. Su mente más profunda magnifica y dramatiza, en forma extrema, todo lo que le imprimen y estas personas sufren y experimentan pesadillas donde leones, tigres y otros animales salvajes los atacan. Les he dado instrucciones a muchas personas preocupadas para que afirmen antes de dormir: "Sé que estoy soñando de esta manera, y comprendo que es un sueño. Sigo soñando, y la pesadilla se interrumpe y desaparece. El amor de Dios llena mi alma y sueño en forma tranquila toda la noche y despierto dichoso".

Esta técnica funciona invariablemente. Cualquiera puede seguir este sencillo método para eliminar las pesadillas que son el resultado de la lectura de cuentos de asesinatos y fantasmas o de ver películas de guerra o programas de televisión de naturaleza psicopática.

Mi sugerencia para todos es que lean varias veces antes de dormir uno de los hermosos Salmos, como el 23, 27, 42, 46, 91 ó 100. Entonces neutralizará cualquier patrón nocivo en su mente subconsciente y en su lugar imprimirá las cosas que son hermosas y de buen halo. Lo que imprime en su subconsciente se expresa siempre como forma, función, experiencia y evento.

COMO UN JUEZ DE UN TRIBUNAL OBTUVO UNA CONTESTACION EN UN SUEÑO

Un juez de un tribunal local, quien es miembro de mi club, me contó un sueño sumamente interesante. Durante aproximadamente cinco noches consecutivas, había soñado que estaba observando el letrero de una calle que decía "Calle de Murphy'" y luego se encontraba con una multitud en el Teatro Wilshire Ebell en los Bulevares de Wilshire Lucerna en Los Angeles, donde acostumbro dictar conferencias públicas. No me vió en el sueño, sin embargo, estaba preocupado; se lo relató a su esposa y ella sugirió que me consultara acerca de éste.

Le contesté: "Generalmente hablando, cuando cierto sueño se repite noche tras noche, su subconsciente lo está dramatizando porque es muy importante para usted de la misma manera que en su procedimiento jurídico, usted puede enfatizar un punto vital de la ley, el cual es esencial que el jurado conozca". Agregué que este sueño era personal y que cualquier explicación debía coincidir con su propio punto de vista.

La manifesté que mi propia percepción intuitiva de sueños era que aunque no existía una "Calle de Murphy" cerca del Teatro Wilshire Ebell, su mente subconsciente, por sus propias razones, quería que escuchara la conferencia del siguiente domingo sobre "El Planteamiento Espiritual de la Injusticia"; el significado simbólico de la "Calle de Murphy", sin duda alguna se refería al orador (yo).

El juez se quedó muy pensativo y luego dijo: "Es cierto; he pasado algunas noches en vela debido a una decisión que debo tomar y me preguntaba acerca del planteamiento espiritual de todo esto, pues, desde que el hombre apareció, existen muchas desigualdales e injusticias en todo el mundo".

Estuvo en la conferencia ese domingo y al estrechar mi mano, cuando se marchaba, comentó: "Usted tenía razón y mi sueño tenía razón. Obtuve la respuesta y ahora sé cual va a ser mi decisión".

Las formas de su subconsciente están más allá del descubrimiento. La Biblia, al referirse al funcionamiento de su mente subconsciente lo describe con estas palabras: *"Porque mis pensamientos no son vuestros pensamientos, ni vuestros caminos mis caminos, dijo Jehová. Como son más altos los cielos que la tierra, así son mis caminos más altos que vuestros caminos, y mis pensamientos más que vuestros pensamientos"* (Isaías 55:8, 9).

UNA RESPUESTA PARA EL SUEÑO DE UN ESTUDIANTE DE LA BIBLIA

Recientemente, me visitó un estudiante universitario que cursaba el cuarto año de estudios en un seminario y quien comentó que la definiciñn pionera de Freud era que un sueño simboliza un deseo que se cumple, pero que con toda certeza esto no se aplicaba a su sueño en especial.

Durante nuestra discusión, le indiqué que su mente subconsciente podía proyectar en forma de sueño cualquier cosa que le preocupara seriamente; que cuando la mente superficial diaria, que está absorta por completo con estudios Bíblicos o religiosos, se refiere a cualquier persona, ésta puede encontrar expresión simbólica en versos Bíblicos o personalidades en forma de sueño; y que todo lo que él tenía que hacer era leer la visión de San Pedro en Hechos 10, empezando con el verso 9 para enterarse de cómo el dilema de San Pedro fue solucionado por completo en un sueño cuando la voz de la intuición le habló y dijo: "*...Lo que Dios limpió, no lo llames tú común*" (Hechos 10:15).

El sueño del estudiante de la Biblia

Durante varias noches mientras dormía profundamente, este estudiante de la Biblia vió una espada reluciente y a un hombre, que parecía ser Jesús, que blandía la espada; y luego vió las palabras: "No vengo a traer la paz sino la espada".

Me preguntó: "¿Qué significa? Se lo relaté a mi profesor y me dijo: 'Oh, es sólo un sueño, olvídalo. Has estado leyendo la Biblia, y viste en fantasía lo que leías' ".

El joven indicó: "Estoy muy alterado; he estado consultando a un psiquiatra adjunto a nuestra institución religiosa. Me recetó tranquilizantes y me han calmado; sin embargo, estoy cuestionando seriamente todo lo que leo y escucho y lo que me están enseñando. No puedo interpretar la Biblia en forma literal; creo que todos los hombres son hijos de Dios, y que Dios no respeta a las personas y que ningún credo ni iglesia tiene un monopolio sobre la verdad".

Mi interpretación y su reacción

Los relatos Bíblicos de interpretación de sueños indican la importancia de los sueños proféticos y los inspirados en forma Divina, que son tan numerosos tanto en el Viejo como en el Nuevo Testamento. El idioma de la Biblia es simbólico, figurativo y alegórico, y todas las narraciones de la Biblia surgieron de mentes subconscientes de escritores inspirados.

La espada es el símbolo secular de la Verdad, de la Presencia de Dios en el interior del hombre, la que lo separa de la superstición, ignorancia, creencias falsas y temo res de todo tipo. Cuando el hombre está consciente de la verdad de su ser y de los funcionamientos de su mente subconsciente sabe que es el dueño de su propio destino. La Verdad despierta al hombre, crea discusiones en su mente y desafía todas sus doctrinas, creencias, dogmas y tradiciones falsas y le habló de un Dios de amor.

La espada de la Verdad separa la broza del trigo, lo falso de lo real. Representa el razonamiento Divino, por medio del cual usted juzga desde el punto de vista de las verdades universales y no desde el punto de vista de la teología del hombre, las opiniones de los hombres, liturgias y ceremonias.

Le expliqué a este joven: "Su sueño le está indicando que razone las cosas por sí mismo, no sobre las apariencias o complejos teológicos, sino sobre la razón basada en las leyes mentales y espirituales que son tan válidas como las leyes de la química, física o matemáticas.

La Presencia de Dios que se encuentra en su interior le está diciendo que se separe por completo de sus creencias actuales y que acepte la Divinidad de su interior, la que responde a todos los hombres. Tome una decisión basándose sobre las verdades cósmicas y universales de Dios, las mismas ayer, hoy y siempre. La Verdad Divina dentro de usted no lo dejará descansar hasta que crea en las bondades de Dios, el amor de Dios, la armonía de Dios, y la dicha del Señor, que es su fuerza".

Hubo un conflicto enorme en la mente de este joven: estaba profesando creer con sus labios lo que en su corazón sentía que era falso; lo que había dado como resultado un colapso nervioso de la mente casi completo, y la necesidad de atención psiquiátrica y medicamentos. Sin embargo, cuando se acababan los efectos de las medicinas, la infección mental o trauma surgía nuevamente y manifestaba: "Aquí estoy, resuélveme". Y el sueño se volvía a presentar.

La solución

El comentó: "Siento en mi corazón que todas las palabras que ha pronunciado son verdaderas. Sin tomar en cuenta a mis padres y lo que piensan, voy a renunciar de inmediato y practicaré lo que creo en verdad".

En la actualidad, está estudiando psicología en la universidad, ciencia de la mente, y *"El Poder de su Mente Subconsciente"*.[2] Se casó con una joven encantadora y es muy feliz en sus nuevos estudios. Ha decidido convertirse en un ministro no religioso y proporcionar a la gente la interpretación psicológicas y espiritual de las Escrituras.

COMO LA BIBLIA RESPONDIO A LA ORACION DE UN CLERIGO

Hace algún tiempo, comí con un pariente mío, clérigo de una parroquia muy prominente. Tenía dificultades con algunos miembros importantes de su iglesia y también con su obispo, y estaba orando para recibir orientación de Dios para solucionar su problema.

Me dijo: "Joe, tú enseñas el significado interno de la Biblia con lo que yo no estoy en completo acuerdo, pero convengo con algunas de tus enseñanzas. ¿Qué significa para tí este sueño que he tenido cuatro o cinco veces en los

[2] Joseph Murphy, El Poder de Su Mente Subconsciente (Englewood Cliffs, N. J.: Prentice-Hall, Inc., 1963).

últimos meses? En mi sueño he visto estas palabras de los Proverbios: *"No te desvíes a la derecha ni a la izquierda; Aparta tu pie del mal"* (Proverbios 4:27)".

Le contesté: "Bueno Tom, estoy seguro de que tú sabes el significado de eso tan bien como yo, y es, con toda certeza, una respuesta a tu oración para recibir orientación Divina. Todo lo que significa es que tú no debes hacer nada acerca de la situación, ya sea en forma objetiva (derecha) o subjetiva (izquierda) es decir, no hay más que orar.

"Pie, en la simbología Bíblica, significa comprensión y *aparta tu pie del mal,* significa que dejes de preocuparte y de pensar en forma negativa acerca de ello, puesto que tu *mal* le dará poder a otros o condiciones y no le dará a Dios todo el poder que se encuentra en tu interior".

El preguntó: "¿Quieres decir que debo permanecer quieto, sin hacer ni decir nada más, y dejar que Dios lo solucione?".

Le respondí: "Sí, eso es exactamente lo que quiero decir. Sin embargo, si no significa lo mismo para tí, es obvio que no es la interpretación correcta".

Tom indicó: "Sí, la es. Lo sé".

En aproximadamente un mes, el obispo que lo había criticado murió y los hombres que le estaban creando dificultades y querían correrlo fueron transferidos, por sus organizaciones respectivas a otras ciudades.

Hace algunas noches, Tom me llamó por larga distancia y dijo: "Joe, el sueño tenía razón. ¿Por qué llegó en un sueño?".

Mi respuesta fue: "Todo lo que sé, Tom, es lo que dice la Biblia: "*...en sueños hablaré con él*" (Números 12:6)".

PUNTOS DE ESTE CAPITULO PARA RECORDAR

1. A las personas siempre les han interesado los sueños. Toda la gente sueña y también los animales. Las tensiones se liberan en los sueños, y muchas respuestas a nuestras oraciones llegan en sueños.
2. Las interpretaciones de los sueños y su importan-

cia son diferentes en las diversas escuelas psicológicas. Sin embargo, a menudo, la respuesta a un problema complejo le llega en un sueño como una contestación a su oración.

3. Un niño le sugirió a su subconsciente lo que deseaba que pasara y cómo lo quería, luego sugirió que la contestación fuera clara para que él la pudiera entender. La mente subconsciente, receptora de sugerencias, respondió en consecuencia.
4. Por lo regular, su subconsciente le habla en forma simbólica en sueños; sin embargo, le puede sugerir a su subconsciente todas las noches: "Sueño en forma literal y clara", y puesto que es un lugar de hábito, su repetición contínua de la sugerencia antes de dormir motiva a su subconsciente a hablarle en términos literales.
5. Nuestras mentes son una, y en el principio de la mente no existe el tiempo ni el espacio. Por lo tanto, le es posible a usted ver la respuesta, en el sueño, para otra persona por la que usted ha estado orando.
6. El juez, que se preguntaba qué decisión debía tomar en un caso especial, recibió una respuesta a su petición, por medio de la comprensión del simbolismo, en sus sueños.
7. Cualquiera que sufra de pesadillas que pueden ser causadas por cuentos de fantasmas o de asesinatos o por películas salvajes o cosas parecidas que aparecen en la televisión, pueden cambiar sus pesadillas por medio de sugerencias constructivas a la mente subconsciente antes de dormir.
8. Los estudiantes de la Biblia pueden recibir respuestas a sus sueños en solicitudes de oraciones por medio de ciertos versos de la Biblia o por medio de la aparición simbólica de un personaje Bíblico, citando cierto párrafo de la Biblia que revela la respuesta.
9. Un clérigo, sin saber qué decisión tomar, tuvo un sueño repetitivo donde ve una cita del Libro de

Proverbios que le gira instrucciones, diciéndole que no se desvíe ni a su derecha ni a su izquierda, en otras palabras, que se quede quieto y que no haga nada. Siguió el mandato de la Biblia tal como lo vio en su sueño, y fue la respuesta perfecta a su oración.

10. Las maneras de su subconsciente están más allá de la explicación, y la Biblia, al hablar de su subconsciente, dice: "*. . . en sueños hablaré con él*" (Números 12:6).

OCHO

COMO PONERSE EN ARMONIA CON EL INFINITO Y COMO HACER QUE LA PERCEPCION EXTRASENSORIAL FUNCIONE PARA USTED

Este libro aborda el tema de la clave mental para solucionar problemas humanos. He descubierto que las respuestas a los problemas más desconcertantes que acosan al hombre vienen del reino interior de la mente subconsciente. Cuando era un niño de aproximadamente 9 años de edad, me interesé mucho por la función más elevada de la mente y me maravillaban, lo que en la actualidad llamamos, los poderes intuitivos y psíquicos que solucionaban los problemas de los granjeros que vivían en secciones remotas de la campiña.

COMO LA PERCEPCION EXTRASENSORIAL AYUDA A ENCONTRAR A UN HIJO PERDIDO

Un granjero a quien llamaremos Jerry vivía a un cuarto de milla de distancia de mi casa, y cuando yo era muy chico acostumbraba visitarlo en los campos y me encantaba ayudar de diversas maneras. Un día, descubrió que su hijo había desaparecido; anocheció y el niño aún no regresaba. Jerry estaba enloquecido y desconsolado. Llamó a todos los vecinos y un grupo de hombres salió a caballo a buscarlo, puesto que los conocidos habían oído decir al muchacho que iba a subir el Monte Kidd, una montaña en una zona remota de West Cork, Irlanda, cerca de nuestra casa. Al anochecer tuvieron que suspender la búsqueda.

Durante su sueño esa noche, mi desconsolado vecino, Jerry, tuvo un sueño vívido. Percibió por medio de la percepción extrasensorial dónde se encontraba su hijo; la ubicación le era familiar y vio al muchacho dormido cerca de cierta roca cubierto de matorrales. Por lo tanto, al amanecer tomó a su burro y se dirigió al lugar en las montañas que había visto en su sueño; amarró al burro y subió a pie al lugar exacto, encontró a su hijo dormido bajo los matorrales. Con gran alivio y alegría despertó al muchacho y aunque éste se sorprendió al ver a su padre, comentó: "Oré para que me encontraras".

Este granjero había descubierto, como lo han hecho incontables miles de personas, el poder de la percepción extrasensorial para solucionar sus problemas. Podría agregar que este granjero nunca fue a la escuela y no sabía leer ni escribir. Con toda seguridad, nada sabía acerca de las leyes de la mente o de lo ESP. Las palabras "telepatía", "clarividencia" y "precognición" no tenían significado para él.

Recuerdo haberle preguntado a Jerry: "¿Cómo sabías donde se encontraba Jeremías (su hijo)?" El contestó: "Dios me lo dijo en un sueño".

La respuesta, como yo la entiendo, es sencilla. El pensaba acerca de su hijo y se preguntaba dónde podía estar antes de quedarse dormido, y con toda probabilidad, oró a Dios a su manera. Su mente subconsciente entonces le reveló la respuesta en una visión clarividente.

COMO PUEDE USTED USAR LA PERCEPCION EXTRASENSORIAL

He hablado con cientos de personas quienes me han comunicado haber obtenido información y datos específicos que no pudieron haber recibido por medio de los canales normales de los cinco sentidos. En todos los casos, se habían concentrado en las respuestas y sus mentes más profundas respondieron como sueños o visiones de la noche y en destellos intuitivos.

Cómo una mujer se dio cuenta de su percepción extrasensorial

Hace algunos años, una señora, vamos a llamarla Jean Wright, acompañada por su esposo e invitados, visitó el hipódromo de Agua Caliente. En ese momento no tenía el menor interés en experiencias paranormales o psíquicas, o en el funcionamiento de su mente profunda o interior. Esa noche, antes de dormir, estaba pensando en las carreras del día siguiente y se preguntaba qué ropa usar. Empezó a pensar que ella nunca había asistido a un hipódromo en su vida y no sabía nada acerca de caballos, jockeys, ni cómo apostar en una carrera. Antes de dormir se dijo a sí misma: "Espero saber qué hacer, además quisiera tener un par de ganadores, pues voy a apostar cuatro dólares en total, dos en cada una de las carreras".

Ella es muy intuitiva y psíquica y sueña sobre muchos eventos futuros. Esa noche ella previó dos caballos llamados la "Elección de Robby" y el "Amigo de Billy" como ganadores. Intuitivamente sintió que iban a ganar. (Los nombres de sus dos hijos son Robby y Billy).

A la mañana siguiente, cuando llegaron al hipódromo, le preguntó a su esposo cómo apostar y él le mostró la manera de hacerlo. Apostó a los dos caballos llamados la "Elección de Robby" y el "Amigo de Billy", y los dos ganaron.

Su mente subconsciente, fuente de percepción extrasensorial, respondió a su pensamiento concentrado antes de dormir. Su atención estaba enfocada en los dos ganadores, y éstos impregnaron su mente subconsciente. Esta última respondió en consecuencia, dándole dos ganadores, por los que ella preguntó en forma casual y sin tensión o esfuerzo mental excesivo.

PERCEPCION EXTRASENSORIAL EN ACCION

Uno de los principales experimentos en las investigaciones del estudio de fenómenos extrasensoriales fue llevado a cabo por el Profesor J. B. Rhine de la Universidad Duke. El profesor Rhine ha publicado diversos libros sobre el tema, además ha dictado conferencias en general en muchos países y ante equipos de científicos. Ha recopilado una enorme cantidad de material sobre el poder extraordinario de la mente, autorizado y documentado. Está interesado especialmente en la clarividencia, (la conciencia, sin el uso de sus sentidos normales, de lo que está sucediendo en otras partes del mundo), lo que le permite observar dichos eventos en forma clara.

También ha trabajado, cuidadosamente, sobre la precognición (observar los hechos futuros antes de que sucedan), la telepatía (la transferencia de pensamientos de una mente a otra), la telecinética (la acción de su mente en objetos o materia externa, sin contacto físico), y la retrocognición (la habilidad de ver el pasado). Es interesante leer acerca de laboratorios académicos, aquí y en Europa e India, que usan el procedimiento de equipos de laboratorio; y de estudios científicos de muchos años que declaran que aunque todas las facultades de percepción se encuentran en todos nosotros, sin embargo, también siguen ciertas leyes básicas de acción elemental.

Cómo la percepción extrasensorial le permitió ver una procesión funeraria

Mi hermana Elizabeth, la más joven de la familia, gritó muy fuerte en el patio afuera de nuestra casa donde los cinco estábamos jugando (dos hermanos y tres hermanas) cuando tenía aproximadamente cinco años de edad. Insistía que veía una procesión funeraria; que la abuela estaba muerta. Nombró al clérigo que encabezaba la procesión y vio que nuestro padre y madre lo seguían en un carruaje tirado por un caballo. Todos nos reimos de ella y mamá la reprendió por ser tan atrevida y mala como para decir que la abuela había muerto cuando todos sabíamos muy bien que estaba viva. La abuela vivía a aproximadamente quince millas de distancia. En ese entonces no existía ninguna cosa como servicio telefónico o comunicación telegráfica en esa remota parte del país. La comunicación se llevaba a cabo por mensajero a pie o en caballo.

Esa misma noche un pariente llegó a nuestra casa, apresurado, para anunciar la muerte de la abuela y le pedía a mi padre y a mi madre que asistieran al velorio y al funeral. El mensajero dijo que había muerto a las dos de la tarde, el momento aproximado en el que mi hermana Elizabeth vio el funeral y al clérigo que encabezaba la procesión.

Esta facultad de percepción extrasensorial se llama precognición, puesto que la procesión funeraria (como la describió Elizabeth) se llevó a cabo el siguiente día y el clérigo que ella había nombrado condujo el servicio funerario. Desafortunadamente, conforme pasaba el tiempo, debido a las críticas y al ridículo de que se le hacía objeto por sus facultades intuitivas, suprimió e inhibió su calidad de percepción extrasensorial y gradualmente, su facultad de precognición más o menos se atrofió.

Un caso extraordinario de clarividencia viajera

El caso clásico es el del famoso Emanuel Swedenborg,[1] autorizado y examinado por el igualmente famoso Immanuel Kant. Mientras se dirigía a un grupo de científicos en Göteborg, Suecia, Swedenborg tuvo una visión clarividente, donde percibió claramente el origen y el curso de un gran incendio en Estocolmo a más de 25 millas de distancia. También describió en detalle la extinción del fuego. Unos días después; llegaron unos mensajeros de Estocolmo y certificaron la exactitud de su visión.

Esto demuestra que dentro de cada uno de nosotros existen poderes trascendentales que pueden ser proyectados más allá del límite del tiempo y espacio.

LA PERCEPCION EXTRASENSORIAL ESTA ACTIVA EN TODAS PARTES

En un reciente viaje a San Francisco, una mujer que

[1] Swedenborg, (Manuel). Teósofo y visionario sueco (1688-1772) Fundador de una religión mística que tuvo numerosos adeptos en Inglaterra y los Estados Unidos. (N. del E.).

parecía estar muy perturbada y aturdida se encontraba sentada a mi lado en el avión. Me ofreció un periódico para leer. De repente, tuve un deseo abrumador de preguntarle si había abandonado a su esposo. ¡Así que eso fue exactamente lo que hice! Se mostró sorprendida y contestó: "Sí. ¿Por qué lo pregunta?". Le respondí: "Porque lo percibí intuitivamente".

Ella exclamó: "!Oh! ¿Es usted uno de esos psíquicos que prevén las cosas?" Le contesté: "No, no es eso, sin embargo, en algunas ocasiones tengo presentimientos subliminales que me revelan las respuestas. Opino que esto le sucede a cualquier persona que practica las leyes de la mente y sigue el camino del Espíritu Infinito que existe dentro del hombre".

Ella comentó: "Oh, entiendo; abandoné a mi esposo esta mañana y me marcho a Australia con un hombre de San Francisco, tan pronto como él obtenga su divorcio. En realidad, no sé si estoy actuando en forma correcta; me encuentro desgarrada entre los dos".

Me sentí obligado a brindarle un consejo en estos términos. Le sugerí que lo que en realidad deseaba era encontrar al hombre ideal que la quisiera, se preocupase por ella y la apreciase, y que este amor tenía que ser recíproco. "Usted busca a un hombre con quien pueda armonizar perfectamente, tanto en lo intelectual como en lo espiritual, y en todo respecto. En este momento está confundida y le tiene rencor a su marido. Es absurdo tomar una decisión cuando se encuentra bajo una emoción negativa".

Le redacté una oración y le sugerí que la usara y que siguiera la indicación que le llegaría de su interior en unos cuantos días. También le aconsejé que no se comunicara con el hombre con quien pensaba casarse y que sólo esperara una orientación interna.

La oración que utilizó

"Estoy consciente de que existe un principio de acción correcta en la vida. Me doy cuenta de que el Principio de la Vida en mí, trata de expresarse armoniosa, pacífica y alegremente en todo mi ser. Afirmo en forma definitiva que la Inteligencia Suprema, la cual guía al cosmos y rige a los planetas en su curso, me responde y me orienta a tomar la decisión correcta.

En este momento le estoy transmitiendo esta idea o súplica a la Mente Más Profunda de mi ser, donde se encuentra la Inteligencia Suprema y sigo la indicación que me llega, en forma clara y definitiva, a la mente consciente y que razona".

Ella dijo esta oración frecuentemente durante el día y, en especial, antes de dormir. La tercera noche tuvo una visión que la asombró. Su hermano muerto apareció ante ella en un sueño vívido y le advirtió que no se casara con el hombre de San Francisco, manifestándole que él únicamente la iba a usar, la iba a despojar de su dinero para luego abandonarla. La voz ordenó: "Vuelve con tu esposo" y luego desapareció su hermano.

Esta es la percepción extrasensorial actuando. Las facultades más profundas de la mente podían interpretar los motivos del hombre con quien ella quería casarse; estas facultades reconocían que él no era sincero, que era deshonesto y le revelaron a ella la respuesta. En otras palabras, su subconsciente dramatizó la contestación por medio de la personalidad de su hermano, puesto que sabía perfectamente bien que ella escucharía la presunta voz de éste.

Me telefoneó al Hotel Drake y me notificó llena de júbilo: "Tengo la respuesta, regreso con mi esposo". Después me enteré de que tuvieron una reconciliación maravillosa. Nunca se sabe cómo serán contestadas las oraciones, puesto que el funcionamiento del subconsciente está fuera de nuestra comprensión.

EL EMPLEO DE LA PERCEPCION EXTRASENSORIAL EN EL TRATAMIENTO DE TRASTORNOS PSICOLOGICOS

En un libro llamado "El Restablecimiento de la Salud

Mental"[1] escrito por el Dr. R. Connell, Miembro del Real Colegio de Médicos de Irlanda, y Geraldine Cummins, una famosa clarividente irlandesa, el Dr. Connell describe cómo ha utilizado la percepción extrasensorial en la investigación y el tratamiento de trastornos mentales.

En colaboración con Geraldine Cummins, una de las operadoras de percepción extrasensorial más sobresalientes de nuestro tiempo, trató con éxito una cantidad de casos, aparentemente, sin esperanza. El Dr. Connell, un famoso doctor en medicina, sometió una muestra de la escritura de pacientes mentalmente enfermos a Geraldine Cummins para su análisis y el siguiente informe se toma, palabra por palabra, de su libro, con la debida autorizacón: [2]

La paciente era de disposición tímida y apacible, de aspecto enfermizo y cansado. No se determinó incapacidad física y por lo tanto, su caso se investigó.

Una muestra de su escritura se envió a Londres para que fuera examinada y se recibió el siguiente informe:

"La persona que escribió esta carta es muy nerviosa y sensible; proviene de buena familia y sus antepasados, en algunos casos, tuvieron cualidades notables. Sin embargo, dos o tres vivieron en forma violenta, lo que dio como resultado, en esta generación, un linaje más bien empobrecido y un sistema nervioso sensible.

Definitivamente, existe aquí una tendencia de claustrofobia y hay otros temores latentes en la mente subconsciente de esta mujer. Ha heredado de sus antepasados, gente bien nacida, cierta timidez debido a que algunos de ellos vivían, de manera más bien aislada, en la campiña. No obstante, la causa fundamental del temor de esta dama, cuando se encuentra en un espacio confinado, se puede remontar a aproximadamente doscientos años. Uno de sus antecesores, posiblemente del lado de la madre, era propietario de una casa y tierras en la campiña. Este hombre tenía buen carácter, a su manera. Sin embargo, parece

1 R. Connell y Geraldine Cummins, El restablecimiento de la Salud Mental (Londres, Inglaterra, The Aquarian Press, 1957).

2 Con el permiso de los autores.

que durante tiempos difíciles, una noche, una banda de hombres salvajes, ya sea inquilinos o montañeses, irrumpió de repente, en la casa de ese hombre y la incendió. La esposa del propietario, quien estaba en los primeros meses de embarazo, pudo escapar con gran dificultad. En efecto, estuvo atrapada en un pequeño cuarto, el cual se llenó rápidamente de humo. Despertó por el olor del incendio y escuchó los gritos de los hombres rudos. Atemorizada se dio cuenta de que el humo estaba llenando el cuarto y que éste era cada vez más espeso. Se levantó y trató de llegar a la puerta pero penetraron grandes humaredas; medio sofocada llegó al umbral donde se desmayó y cayó al piso.

Su esposo, arriesgando su propia vida, la salvó y después de cierto tiempo revivió, gracias al aire fresco de la noche fría. Sin embargo, enfermó de pulmonía por el frío de esa noche amarga y durante su delirio veía las imágenes de ese cuarto que se llenaba de humo; una y otra vez durante su fiebre revivió la agonía y el terror que experimentó en esos minutos. Recuperó su salud, en forma lenta; no obstante, el temor de ser encerrada y atrapada en un pequeño cuarto fue, durante ese período de enfermedad, transmitido al niño que estaba por nacer.

Su experiencia en el incendio se convirtió en parte de la memoria de la estirpe de esa familia. Cuando los descendientes de esta desafortunada mujer olvidaron en forma consciente el incidente del incendio de la casa en un camino solitario de la campiña, éste siguió como un recuerdo grabado en la mente subconsciente de la progenie. Algunos miembros de la familia no fueron afectados por este suceso, pero otros menos fuertes, manifestaron ciertas debilidades de carácter nervioso.

La paciente, cuya escritura estoy examinando, aún está bastante débil físicamente. Debe salir al aire fresco, hacer ejercicio en forma regular y encontrar un interés o intereses que la absorban.

Puesto que esto sucedió hace tanto tiempo y desde entonces no ha sido reforzado por impactos terribles similares por ella o por sus antepasados, no es algo pronunciado. Por lo tanto, no tiene un dominio grande. Debe decirse a sí misma en voz alta, por la noche, antes de dormir: 'Mi mente es la que gobierna mi cuerpo. Nada me puede hacer temer, estoy en paz y soy feliz en cualquier cuarto pequeño'.

La causa original de su temor, el impacto de su antecesora cuando ésta se encontraba en estado delicado no tiene poder sobre la paciente cuando está bien físicamente y cuando ocupa su mente en algo interesante y absorbente.

Además, trate de infundir más seguridad y más autoconfianza en la Srita. J.; es demasiado tímida y desconfía de sus propios poderes.

Permítale que trate de imponerse y creer en sí misma, pues tiene bastante inteligencia y capacidad innata, no obstante, carece de confianza, lo que evidentemente es un defecto en ella y pone muchos obstáculos en su vida.

La paciente no debe saber lo siguiente. Definitivamente existe una herencia inestable, por lo tanto, es probable que la curación tarde algo y su asistente médico debe vigilarla y tener cuidado en caso de que surjan síntomas nerviosos o de otra índole. Por otro lado, si ella sigue las instrucciones, en forma fiel, la herencia puede ser superada".

PERCEPCION EXTRASENSORIAL MANIFESTADA COMO CLARIAUDICION

Una doctora, amiga mía, me comentó que cuando ella tiene que tomar una decisión importante, en forma invariable, escucha claramente una voz interna a la que obedece de manera implícita. Ella afirma que es una voz oral subconsciente que escucha en forma clara, ya sea en su consultorio o cuando se encuentra con amigos. Nadie más escucha la voz, por lo tanto, sin duda alguna, es un anuncio subliminal que responde a su constante fe profunda en la orientación interna. Esta voz dice: "Sí" cuando aprueba y "No" cuando expresa su desaprobación.

Manifiesta que la voz interna tiene razón. Esta doctora ha acondicionado a su mente, en un lapso de tiempo, para que tenga fe en que Dios la está orientando en todos los caminos.

En la actualidad, ella experimenta la respuesta automática de su mente cuando necesita una contestatción.

La clariaudición en la historia

Sócrates admitió abiertamente que era dirigido y guiado en forma constante por su "demonio" al que caracterizó como una voz interna monitora a la que escuchaba y obedecía. Esta voz interna le indicaba lo que no debía hacer y cuando no le hablaba, él consideraba este silencio como un consentimiento tácito. En los "Diálogos" de Platón, leemos que este "demonio", o voz intuitiva le proporcionaba a Sócrates sus extraordinarios conocimientos eclipsando sus cinco sentidos.

Otro ejemplo impresionante de clariaudición es el de Juana de Arco, la extraordinaria heroína visionaria de Francia. La historia nos informa que ella dependía, por completo, de los mensajes directos o "voces" de su mente subconsciente. Destacados historiadores han investigado sus notables proezas durante siglos. Muchos parapsicólogos y otras personas han llegado a la conclusión de que ella era, sin lugar a dudas, clarividente y tenía clariaudición.

Uno de los ejemplos únicos de sus poderes de clarividencia lo demostró cuando era muy joven y vivía en Dommremy. Anunció públicamente que había una espada enterrada atrás del altar de la iglesia de Santa Catarina en Fierbois. Nunca había visto la iglesia. Un hombre excavó en el lugar cerca del altar y encontró la espada exactamente como ella lo había anticipado.

COMO LOS PODERES DE LA PERCEPCION EXTRASENSORIAL ENCONTRARON UN RECIBO PERDIDO

Hace algunas semanas, un hombre de Nueva Orleans, Louisiana, me llamó y me indicó que estaba completamente seguro de que su esposa, antes de morir, había pagado $2,500 dólares en efectivo por un reloj de platino, un regalo para él por sus bodas de oro, puesto que ella le había mostrado el recibo. Ahora le estaban exigiendo el pago. El le insistía al joyero que su esposa ya había efectuado el pago y que tenía un recibo; no obstante, éste seguía inflexible y afirmaba que lo había comprado a crédito y le mostró el registro en su libro.

El hombre buscó por toda la casa, pero no encontró el recibo. Me preguntó: "¿Me puede ayudar? He leído su libro *"El Poder de su Mente Subconsciente"* [3] donde se descubrió un testamento por medio del poder del subconsciente."

Le respondí que le pediría a la Inteligencia Infinita que está en el interior que le proporcionara la contestación a él y que él sería guiado al lugar indicado. Le sugerí que también afirmara con audacia y creyera que la Inteligencia Infinita todo lo sabe y sabe donde está el recibo y se lo revelaría en orden Divino.

Después de aproximadamente una semana, me escribió y me informó que mientras dormía una noche, una persona que parecía un sabio antiguo se le apareció y le señaló cierta página del Libro de Isaías; vio el recibo en forma clara. Se despertó de repente, y se dirigió a su biblioteca; abrió la Biblia en la página que vio en su sueño y ahí se encontraba el recibo. Su mente subconsciente infinita le proporcionó la respuesta que trasciende el poder de su mente consciente.

COMO PERMITIR QUE LA PERCEPCION EXTRASENSORIAL FUNCIONE PARA USTED

Usted ha escuchado acerca de la sabiduría de "consúltalo con la almohada". Esto significa que cuando su mente consciente es inmovilizada y enfocada a la atención de la solución o respuesta que busca, su mente profunda, llena de sabiduría, poder e Inteligencia Infinita le responderá y le solucionará su problema.

Si usted ha perdido algo y lo ha buscado por todos lados, deje de preocuparse e inquietarse, relájese, tranquilícese y

[3] Joseph Murphy, El Poder de Su Mente Subconsciente (Englewood Cliffs, N. J.: Prentice-Hall, Inc., 1963).

hágale la petición a su mente subconsciente y diríjase a ésta de la siguiente manera: "La Inteligencia Infinita que se encuentra en mi interior lo sabe todo; sabe donde está esto y me lo revela en forma clara y concisa; me guía a ella en forma Divina; confío en mi mente más profunda de manera implícita y me tranquilizo y me relajo".

Cuando se relaje, se tranquilice, se despreocupe y piense en otra cosa, las facultades de la percepción extrasensorial de su mente subconsciente lo dirigirán directamente hacia lo que perdió. Usted lo verá en forma clarividente en un sueño o será guiado al lugar donde se encuentra.

Está escrito: "... *Pues que a su amado dará Dios el sueño*" (Salmos 127:2). ¡Todos tenemos una maravillosa herencia en estas palabras convincentes!

PUNTOS DE ESTE CAPITULO PARA RECORDAR

1. Todos tenemos los poderes de percepción extrasensorial, sin embargo, en muchos de nosotros los poderes son suprimidos e inhibidos. Con el paso del tiempo se atrofian debido a la negligencia.
2. Muchas personas adquieren información y datos específicos por medio de la ESP que no podrían recibir por medio de sus cinco sentidos comunes.
3. Su mente subconsciente ya sabe cual va a ser el ganador de una competencia o carrera y se lo puede revelar.
4. El profesor Rhine de la Universidad Duke ha recopilado una cantidad enorme de información sobre telepatía, clarividencia, clariaudición, precognición, retrocognición y telecinética comprobando el poder paranormal de la mente.
5. Facultades extras de percepción en algunos niños pequeños les permiten ver cortejos fúnebres y a las personas que toman parte en éstos, antes de que se lleve a cabo el funeral. Esta puede ser una comunicación telepática del ser amado al niño, además, de la facultad precognitiva del niño funcionando.
6. Emanuel Swedenborg tuvo una visión clarividente

real de un incendio violento en Estocolmo cuando estaba completamente despierto y conversaba con un grupo de científicos en Göteborg a 250 millas.

7. Usted puede, por medio de la percepción extrasensorial, sentir en forma intuitiva lo que le pasa a una persona, lo que le permite ayudarla a tomar una decisión que resulte ser una acción correcta.
8. Una distinguida parapsicóloga irlandesa puede tocar una carta o una pluma de una persona enferma, proporcionada por el doctor del paciente, y revelar en forma exacta los complejos ocultos y los temores que se encuentran detrás de los trastornos mentales, por medio de la percepción extrasensorial altamente desarrollada.
9. Muchas personas han desarrollado la facultad de percepción extrasensorial de clariaudición, donde escuchan una voz interior que les anuncia que están de acuerdo o en desacuerdo con sus decisiones. La voz es de la Inteligencia Suprema que se encuentra en el interior de cada persona y la cual siempre actúa en beneficio del hombre.
10. Su facultad de percepción extrasensorial le puede revelar donde encontrar un artículo perdido. Puede dramatizar la respuesta en un sueño o le puede mostrar donde está exactamente dicho artículo, o usted puede escuchar una voz en su sueño que le indica a donde ir o qué hacer para encontrarlo.
11. Usted puede desarrollar sus facultades de percepción extrasensorial y volverse más sagaz cada día al transmitirle estas ideas a su mente subconsciente (el centro de toda la percepción extrasensorial).

NUEVE

COMO EL PODER SECRETO DE AUTODOMINIO PAGA FABULOSOS DIVIDENDOS

En el capítulo once de San Marcos, verso 23, leemos: *"Porque de cierto os digo que cualquiera que dijera a este monte: Quítate y échate en el mar, y no dudare en su corazón, sino creyere que será hecho lo que dice, lo que diga le será hecho"*.

La verdad de estas palabras nunca le desilusionará sino que le proporcionará poder infinito para una vida perfecta. La montaña de la que se habla en la Biblia representa las dificultades retos y problemas con los que se enfrenta. Le parecerán abrumadores y opresivos, pero si tiene fe en el poder infinito y no desconfía, usted afirmará con audacia la siguiente oración:

"Márchate: venceré este reto por medio del poder infinito; este problema es superado en forma Divina; lucharé con él con valentía pues estoy consciente de que obtendré todo el poder, sabiduría y fuerza que necesito. Creo incondicionalmente que Dios sabe todas las respuestas y que yo soy uno con Dios. Dios me revela la solución, el final feliz. Camino con esa suposición y conforme lo hago, sé que la montaña desaparecerá, se desvanecerá, disuelta en la luz del amor de Dios. Creo en esto; lo acepto de todo corazón; así es".

COMO UNA JOVEN DEPRIMIDA DESARROLLO AUTODOMINIO

Hace algunos años, mientras pronunciaba unos discursos en Honolulu, una joven japonesa que sufría decaimiento y una depresión aguda me visitó. Tenía únicamente treinta años de edad y había sido sometida una cirugía amplia, incluyendo la extirpación de un seno, además de una histerectomía. Dijo: "Ya no soy mujer, no puedo tener niños y nadie me quiere". Citando a Emerson, le contesté: "Usted es un órgano de Dios y Dios la necesita donde está de otra manera usted no estaría aquí."

Le señalé que durante el transcurso de la vida nos enfrentamos con desilusiones y derrotas y que no se debe negar el hecho de que todos tenemos pruebas y dificultades. Sin embargo, tenemos en nuestro interior un poder infinito que nos proporciona poder sobre desilusiones y depresiones y que la dicha se encuentra en superar y dominar cualquier situación.

Luego le sugerí que la manera más rápida para que ella pudiera superar su depresión era ofrecerles a otros, de todo corazón, sus talentos, amor, amabilidad y habilidades. De esa manera, se libraría de su autoabsorción, autocompasión y autocondena. Le indiqué que puesto que era enfermera, debería volver a trabajar y dedicarse a brindarles a otros un mejor servicio, y derramar el amor curativo de Dios en todos sus pacientes, además de su Yo Divino. Le recordé que una persona egoísta casi nunca es feliz y que el secreto para llevar una vida llena es darles a otros más de la vida, amor, alegría, y felicidad.

También le aconsejé que leyera en voz alta, varias veces al día, el Salmo 42 y saboreara las palabras de la misma forma como se saborea un bocado de comida deliciosa. Le recomendé que no murmurara las palabras ni hiciera afirmaciones vanas, sino que debía sentir y palpar las magníficas verdades contenidas en dicho Salmo para establecer así el sentido fundamental de la unidad con Dios, por medio de la cual su mente y su corazón serán transformados por el poder infinito que se encuentra en su interior.

Cómo practicó la presencia de Dios

Siguió mi sugerencia y volvió a trabajar como enfermera y derramaba amor, afabilidad y aliento sobre todos sus pacientes, además les hablaba del poder infinito de Dios que cura y enciende su fe. Me escribió que en dos años nunca perdió a un paciente por Muerte. Ora por todos los pacientes que están bajo su cuidado y afirma: "Dios es Vida y Su Vida, Amor y Poder se están manifestando ahora en el Sr. .... y Sra.". Esta es su oración constante para los que se encuentran bajo su cuidado. Esta es la práctica de la presencia de Dios, porque es la práctica constante de armonía, salud, paz, dicha, amor e integridad para cada persona.

Su victoria triunfante

El día de Navidad, tuve la dicha de realizar una ceremonia de matrimonio en mi casa para unir en los votos sagrados a esta enfermera y al doctor que la había operado. Después de la ceremonia, el doctor, su marido la alabó: "Ella es más que una enfermera; es un ángel de misericordia". Vio su radiante interior y la belleza de su alma. Emerson escribió: "Los anillos y las joyas no son regalos. El único regalo es una parte de tí mismo".

El siguiente es el salmo que estimuló el don de Dios:

"Como el ciervo brama por las corrientes de las aguas, así clama por ti, oh Dios, el alma mía. Mi alma tiene sed de Dios, del Dios vivo; ¿Cuándo vendré, y me presentaré delante de Dios?

Fueron mis lágrimas mi pan de día y de noche mientras me dicen todos los días: ¿Dónde está tu Dios?

Me acuerdo de estas cosas, y derramo mi alma dentro de mí; De cómo yo fui con la multitud, y la conduje hasta la casa de Dios, entre voces de alegría y de alabanza del pueblo en fiesta.

¿Por qué te abates, oh alma mía, y te turbas dentro de mí? Espero en Dios; porque aún he de alabarle, salvación mía y Dios mío.

Dios mío, mi alma está abatida en mí; me acordaré, por tanto, de ti desde la tierra del Jordán, y de los Hermonitas, desde el monte de Mizar.

Un abismo llama a otro a la voz de tus cascadas; todas tus ondas y tus olas han pasado sobre mí.

Pero de día mandará Jehová su misericordia, y de noche su cántico estará conmigo, y mi oración al Dios de mi vida.

Diré a Dios: Roca mía, ¿por qué te has olvidado de mí? ¿Por qué andaré yo enlutado por la opresión del enemigo?

Como quien hiere mis huesos, mis enemigos me afrentan, diciéndome cada día: ¿Dónde está tu Dios?

¿Por qué te abates, oh alma mía, y por qué te turbas dentro de mí? Espera en Dios, porque aún he de alabarle, salvación mía y Dios mío. (Salmos 42)".

COMO APLICAR EL AUTODOMINIO EN SU VIDA PARA RECIBIR BENDICIONES MAS RICAS

Hace algún tiempo entrevisté a una mujer que había estado en el hospital durante aproximadamente dos meses pues sufría de lo que ella llamaba un colapso nervioso y úlceras sangrantes. Su problema era básicamente emocional. Contó que su esposo era peculiar; le daba cuarenta dólares a la semana para llevar la casa y comprar alimentos para dos niños; luego preguntaba en qué gastaba el dinero. No le permitía ir a la iglesia porque creía que todas las religiones eran "fraudes". A ella le encantaba tocar el piano, pero él no le permitía tener uno en la casa.

Ella obedecía sus ideas distorsionadas, tergiversadas y malsanas, y de esa manera frustraba sus deseos, talentos y capacidades innatas. Resentía mucho a su esposo y reprimía su enojo y su frustración, lo que dio como resultado un colapso nervioso y las úlceras. Su esposo estaba destruyendo sus emociones al oponerse en forma tonta, egoísta e insensible a sus ideas y valores sobre la vida.

Cómo la explicación la curó

Le expliqué a esta mujer talentosa que el matrimonio no es una licencia para que una persona pueda amedrentar, intimidar y suprimir las aspiraciones y la personalidad de la otra. Le señalé que en el matrimonio debe existir amor, libertad y respeto mutuo y que debía dejar de ser tímida, dependiente, temerosa y servil. Ella tenía que adquirir madurez psicológica y espiritual y no suprimir su personalidad.

Al hablar tanto con el marido como con la mujer, les indiqué que cada uno debía dejar de ser como un animal que se alimenta de carroña con el otro, es decir, dejar de pensar en los defectos, debilidades y puntos vulnerables del otro, y en su lugar ver las maravillosas cualidades que admiraban del otro cuando se casaron. El marido se dio cuenta rápidamente de que el resentimiento y el enojo reprimido de su esposa fueron las causas de sus trastornos y hospitalización. Trazaron un plan por medio del cual ella se podía expresar musical y socialmente. También acordaron abrir una cuenta de cheques mancomunada basados en amor, fe y confianza mutuos.

A continuación presento el patrón de oración que sugerí para el esposo: "No deseo que ella sea una copia al carbón de mí, ni que oculte su talento o personalidad. Irradio amor, paz y buena voluntad hacia ella. Mi oración sincera es que la Inteligencia Infinita que se encuentra en su interior la gobierne, la guíe y la dirija en todos sus caminos y que el amor Divino fluya por su mente y por su cuerpo en todo momento; la paz de Dios inunda su mente en forma constante. Alabo a Dios que se encuentra en su interior; afirmo que es feliz, dichosa, tiene salud y se expresa en forma Divina. Comprendo que mi pensamiento es mi oración y que mis pensamientos se realizan; también sé que la oración es una costumbre y que conforme continúe pensando de esta manera en forma habitual, me convertiré en un esposo amante, amable y comprensivo. Cada vez que piense en mi mujer afirmaré silenciosamente: 'Dios te ama y te cuida'."

Patrones de oración de la esposa

"Ví cualidades maravillosas en mi esposo cuando me casé con él. Estas cualidades aún existen, y a partir de este momento me identificaré con éstas y con los defectos. Comprendo, siento y afirmo que la Inteligencia Infinita lo dirige, lo guía y lo conduce por todos los caminos. Regular y sistemáticamente alabo a Dios que se encuentra en su interior. La ley y el orden Divinos gobiernan sus actividades; la paz Divina llena su alma; el amor Divino fluye en sus pensamientos, palabras y hechos hacia mí y los niños. Dios lo ama y lo cuida; tiene mucho éxito y Dios prospera en él; está inspirado desde Muy Arriba. Me doy cuenta de que todos estos pensamientos que reitero en forma regular y sistemática llegan a mi mente subconsciente como semillas y aparecen del mismo modo. Cada vez que piense en mi esposo, de inmediato, afirmaré: 'Dios que se encuentra dentro de mí, saluda a Dios que está dentro de ti'."

Cómo la perseverancia paga dividendos y trae dominio

Tanto el esposo como la esposa fueron fieles a su convenio y a sus oraciones. Sabían que creer en algo es hacer que suceda; creer (belief en inglés) está formado de dos palabras: "estar vivo". El antiguo significado inglés de la palabra es "vivir en estado de ser", que significa hacerlo real en su vida. Al final de aproximadamente un mes, recibí una llamada telefónica de la esposa, quien informó: "Reviví con estas verdades que usted me redactó; están registradas en mi corazón (mente subconsciente)". El esposo agregó: "Ahora tengo dominio sobre mis pensamientos, emociones y reacciones y mi esposa también tiene dominio de los suyos. El autodominio es algo real en nuestras vidas". Ellos descubrieron que el poder infinito para llevar una vida perfecta siempre se encuentra en el interior de cada uno.

COMO UN JOVEN DESILUSIONADO ADQUIRIO AUTOESTIMACION Y RECONOCIMIENTO

Un joven se quejó de que en las reuniones sociales lo desdeñaban en forma constante y que en su organización lo pasaban por alto cuando se trataba de promociones. Agregó que con frecuencia se entretenía en su casa pero que socialmente nunca le invitaban a las casas de sus asociados y de otras personas a quienes invitaba. En su corazón había un ánimo profundo y violento hacia todos.

Mientras este joven bien educado hablaba conmigo y discutíamos acerca de su niñez y su ambiente hogareño, me informó que había sido educado por un padre puritano de Nueva Inglaterra; su madre murió cuando él nació.. Su padre, despótico y tiránico, con frecuencia le decía a su hijo: "No sirves; nunca llegará a nada; eres tonto. ¿Por qué no eres inteligente como tu hermano? Me avergüenzo de tus calificaciones". Descubrí que en realidad, odiaba a su padre. Creció con un complejo de rechazo e inconscientemente sentía que la gente no lo aceptaba. Para emplear una expresión popular, tenía problemas psíquicos y era muy susceptible en el campo de las relaciones humanas. Esto, acompañado por su expectativa subjetiva y el temor de ser rechazado por otros, ya sea por medio de un enfrentamiento descortés o por lo que se llama comúnmente una "grosería".

Cómo fueron eliminados sus complejos negativos

Le señalé que según mi opinión, él siempre temía que le hicieran desaires y rechazos; además, les proyectaba a otros el rencor y el resentimiento que sentía hacia su padre. En forma compulsiva deseaba ser menospreciado, rechazado o despedido por la manera, actitud, o comentario de alguien o por lo que parecía ser de más interés por otros. Le expliqué la ley de su mente y le obsequié una copia de *"El Poder de su Mente Subconsciente"*.[1] Mientras tanto, le proporcioné un plan muy práctico para superar su complejo de rechazo y para que asumiera dominio sobre su vida.

El plan práctico paso por paso

El primer paso para resolver un problema de este tipo

1 Joseph Murphy El Poder de Su Mente Subconsciente (Englewood Cliffs, N.J.: Prentice-Hall, Inc., 1963)

es estar consciente que, sin importar cuales hayan sido las experiencias pasadas, éstas pueden ser erradicadas por completo si se alimenta a la mente subconsciente con las verdades eternas y los patrones vigorizantes de pensamiento. Puesto que la mente subconsciente es receptiva a las sugerencias y es controlada por la mente consciente, todos los patrones negativos, complejos, temores e inferioridades pueden borrarse. Estos son los patrones vigorizantes:

"Reconozco que estas verdades son verdaderas: Soy un hijo del Dios Viviente. Dios mora en mí como mi ser verdadero; a partir de este momento amaré a Dios que se encuentra en mi interior. Amor significa honor, respeto, lealtad hacia todos y fidelidad a la única Presencia y único Poder. Desde este momento, respeto a la Divinidad que moldea mis propósitos. Esta Presencia de Dios en mi interior me creó, me sostiene y es el Principio de la Vida en mi interior. La Biblia dice: *"Amarás a tu prójimo como a tí mismo"* (Levítico 19:18). El prójimo es lo más cercano a mí, o, Más Cercano está El que la respiración; más próximo que las manos y los pies. En todo momento del día honro, alabo, glorifico y le tengo un respeto reverente a la Presencia Divina que se encuentra en mi interior. Comprendo que conforme alabo y tengo un respeto sano e íntegro por el Ser de Dios dentro de mí, automáticamente, respetaré y amaré a Dios en el interior de otra persona. Cuando esté dispuesto a criticarme o a encontrar faltas en mí mismo, de inmediato, afirmaré: 'Honro, amo y alabo a la Presencia de Dios en mí y cada día amo más al Ser en mí'. Me doy cuenta de que no puedo amar y respetar a otros hasta que me ame, honre y respete a mí mismo y le sea fiel y devoto a mi Ser Real, Dios, que está en mi interior, que es poderoso para curar. Al honrar a Dios dentro de mí, honraré la dignidad y la soberanía Divinas de todos los hombres. Sé que si estas verdades se repiten con sentimiento, conocimiento y fe, entran en mi mente subconsciente; y estoy obligado a expresar estas verdades, puesto que la naturaleza de mi mente subconsciente es compulsiva. Lo que le imprima, estoy obligado a expresar. Creo en esto en forma implícita. ¡Es maravilloso!"

El segundo paso a seguir, reiterar estas verdades con frecuencia, tres o cuatro veces al día, durante períodos especiales, con el fin de establecer el hábito de pensar en forma constructiva.

El tercer paso a seguir, nunca debe. condenarse, menospreciarse o rebajarse a sí mismo. En el momento en el que un pensamiento como "no sirvo", "un mal de ojo me persigue", "no me aceptan" o "no soy nadie" llegue a su mente, de inmediato, invierta el pensamiento diciendo: "Alabo a Dios que se encuentra en mi interior".

El cuarto paso a seguir, imagínese a sí mismo conviviendo de manera amistosa, amable y afable con sus asociados. Piense que sus superiores lo están felicitando por un trabajo bien hecho. Véase a sí mismo siendo bienvenido y aceptado en forma amable en las casas de sus amistades.

El quinto paso a seguir, comprenda y esté consciente de que cuando usted, por costumbre, piense y se imagine algo, esto sucederá, pues lo que imprime en su mente subconsciente debe ser expresado en la pantalla del espacio como experiencia, circunstancia y hechos.

Este joven siguió en forma diligente el procedimiento anterior, sabedor de lo que hacía y por qué. Tenía conocimiento de cómo funciona su mente subconsciente y día con día adquiría más confianza en su técnica y aplicación. En forma gradual, logró limpiar su subconsciente de todos los traumas psíquicos anteriores. En la actualidad, es bienvenido en las casas de sus asociados y ha sido invitado por el presidente y vicepresidente de su organización. Desde que adoptó estos procedimientos psicológicos ha recibido dos promociones y es vicepresidente ejecutivo de su banco. Comprende que la aplicación del poder cósmico que se encuentra en su interior le proporciona autodominio sobre las circunstancias o sobre el pasado, experiencias y eventos.

COMO FUE SUPERADA LA DESDICHA MARITAL COMPLETA

Recientemente, recibí una carta de una mujer de Texas:

Estimado Dr. Murpy: Leí su libro *"El Poder Cósmico que se encuentra en su Interior"* [2] del que he obtenido mucha ayuda. Quisiera que me aconsejara acerca de mi problema. Mi esposo me critica constantemente y usa lenguaje abusivo, sarcástico y mordaz; no le creo nada de lo que dice pues es muy embustero.

Duerme en otro cuarto y no existe intimidad marital. Sin importar qué clase de trabajo comunitario realice, siempre encuentra faltas. En los últimos cinco años no hemos tenido invitados en nuestra casa. Le tengo mucha antipatía a mi esposo; temo que empiezo a odiarlo. Lo he abandonado en dos ocasiones. Hemos pedido asesoramiento espiritual, además de consejo y ayuda psicológica y legal. No puedo comunicarme con él. ¿Qué debo hacer?

Mi respuesta fue la siguiente:

Estimada ....: Usted no puede darse el lujo de resentir u odiar a nadie en el mundo. Tales sentimientos o actitudes son venenos mentales que debilitan su mentalidad y le roban su alma, además la dejan hecha una ruina física y mental. Usted es la única que piensa en su propio mundo y usted es responsable de la forma en que piensa acerca de su marido, él no lo es. Mi sugerencia es que ya no trate de comunicarse con él y se entregue a Dios por completo. No es correcto vivir en la mentira; es mejor desbaratar una mentira que vivirla. Hay un momento en nuestra experiencia, cuando hemos hecho todo lo que está a nuestro alcance para resolver un problema, en que debemos seguir el mandato de Pablo: "Habiendo hecho todo, descanso", es decir, deje que la Sabiduría Cósmica de su interior solucione su problema. Usted ha visitado a psicólogos, abogados y clérigos para lograr una solución, obviamente en un espíritu de buena voluntad; sin embargo, parece que no hay una solución próxima. Ocupe su mente en cosas constructivas y adopte una nueva actitud hacia su esposo, como "nada de esto me molesta".

2 Joseph Murphy, El Poder Cósmico Que Se Encuentra En Su Interior (West Nyack, N. Y.: Compañía Editorial Parker, S. A., 1968).

Por medio de esta carta le envío un patrón de una oración que debe seguir, la cual le dará resultado, puesto que el Poder Cósmico nunca falla:

"Le entrego mi esposo a Dios; Dios lo creó y lo sostiene. Dios le revela su lugar verdadero en la vida donde es feliz en forma Divina y está lleno de bendiciones Divinas. La Sabiduría Cósmica le revele el plan perfecto y le muestre el camino a seguir. El Poder Cósmico fluye en él con amor, paz, armonía. dicha y acción correcta. Yo soy guiada en forma Divina para hacer lo que es correcto y tomar la decisión adecuada. Estoy consciente de que lo que es acción correcta para mí, es acción correcta para mi esposo; también sé que lo que bendice a uno, bendice a todos. Cada vez que piense en mi esposo, sin importar lo que diga o haga, todo lo que hago es afirmar con conocimiento y sentimiento: 'Te he entregado a Dios'. Estoy en paz con todo, y le deseo a mi marido todas las bendiciones de la vida".

Le recomendé que cultivara una vida propia constructiva, y expresara sus talentos y continuara con sus proyectos comunitarios. Le aconsejé que le fuera fiel a esa oración específica y le expliqué que todos estos pensamientos Divinos limpiarían su mente subconsciente de todo resentimiento y otros venenos destructivos y negativos depositados en su mente profunda. Esto se llevaría a cabo de la misma manera que si lavásemos contínuamente con agua limpia, gota a gota, el agua sucia que se encuentra en una cubeta, con el fin de tener agua limpia para tomar. Desde luego, usted puede poner una manguera en la cubeta de agua sucia y obtener agua limpia en forma más rápida. La manguera, hablando en forma figurativa, sería una transfusión de amor y buena voluntad Divinos en el alma, lo que da como resultado una limpieza inmediata. Sin embargo, un procedimiento gradual de limpieza es lo usual.

Un desenlace interesante

La secuela del procedimiento anterior de oración es interesante como lo revela la siguiente carta:

Estimado Dr. Murphy: Le agradezco mucho su carta, su consejo y su técnica de oración, la que seguí fielmente. Cuando él era sarcástico y decía imprecaciones e insultos, lo bendecía y afirmaba en forma silenciosa: "Te entrego a Dios". Me he interesado por el trabajo en el hospital y comunitario y en las últimas seis semanas, desde que empecé a orar, he trabado muchas nuevas amistades. La semana pasada, mi esposo me pidió el divorcio, lo que acepté encantada. Ya realizamos los convenios de la propiedad a nuestra mutua satisfacción. El se dirige a Reno para obtener el divorcio y piensa casarse con una mujer que piensa es adecuada para él. Yo también me he enamorado de un antiguo novio a quien volví a encontrar debido a mi trabajo en el hospital. Nos casaremos tan pronto como quede libre legalmente.

En realidad, Dios trabaja en forma misteriosa para realizar Sus milagros.

PUNTOS DE ESTE CAPITULO PARA RECORDAR

1. Esté consciente de que todos los problemas son superados en forma Divina. El Poder Cósmico que todo lo sabe y todo lo ve se encuentra en su interior. Enfréntese con valentía a su desafío y la Sabiduría Cósmica le revelará la respuesta. La montaña (obs-táculo) será lanzada al mar (disuelta, borrada de la vista).
2. La manera más rápida y más segura de superar depresiones y desalientos es brindar, de todo corazón, sus talentos, amor, amabilidad y consideración a otros. Realice algún acto de bondad para otros, visite el hospital y alabe a Dios que se encuentra en el interior de un amigo enfermo y proporciónele al otro una transfusión de amabilidad cariñosa.
3. El reflexionar sobre las verdades del Salmo 42 es un maravilloso antídoto espiritual para la depresión y autoabsorción. Este Salmo lo alentará.

4. La práctica de la Presencia de Dios es la comprensión constante de la presencia de paz, armonía, dicha, integridad, belleza, iluminación, amor y buena voluntad de Dios en usted y en su prójimo.
5. Los esposos y las esposas se deben identificar con las buenas cualidades del otro y con las características que los hicieron apreciar al otro cuando se casaron. Conforme ven a Dios en el otro y alaben Su Presencia en el otro, prevalecerá la armonía y el matrimonio tendrá más bendiciones con el paso de los años.
6. Los maridos no deben tratar de suprimir la personalidad de sus esposas, tampoco ellas deben hacerlo. Cada uno es único. Una persona cuya personalidad es suprimida se vuelve neurótica y frustrada. Cada uno se debe regocijar por la expresión completa y el, talento del otro.
7. La perseverancia paga muchos dividendos. Siga su procedimiento de oración en forma fiel. Creer es estar vivo para ciertas grandes verdades que son eternas. Conviértalas en parte viva de usted, eso es creer, y te acontece lo que piensas que va a suceder.
8. La razón por la que un hombre siente que es menospreciado y rechazado en forma constante se debe invariablemente a un "problema psíquico" dentro de él, pues espera rechazo y groserías. La cura es alabar en forma constante la Presencia de Dios que encuentra en su interior, la cual es su ser verdadero, y llenar su mente subconsciente con las verdades de Dios, las que borran de su mente todo lo que no sea parecido a Dios o la verdad.
9. Cuando ha tratado con toda honestidad y de todas las formas posibles de resolver un problema y cuando ha buscado asesoramiento y consejo experto, tanto en forma espiritual como psicológica, y su motivación ha sido correcta, entonces, haga lo que Pablo sugiere: "Habiendo hecho todo, descanso". Usted dascansa firmemente sobre la verdad de que el

Poder Cósmico que se encuentra en su interior sabe la respuesta y le revelará la solución perfecta conforme entrega el asunto por completo a Dios, con el conocimiento y la creencia en su corazón de que la respuesta llegará. Entonces amanece, y las sombras desaparecen.

DIEZ

COMO UTILIZAR EL PODER INFINITO PARA LLEVAR UNA VIDA LLENA DE SATISFACCIONES

El Día de Acción de Gracias me trasladé, por avión, a la Isla de Kauai para convivir con la gente, visitar diversos pueblos y paisajes, y sobre todo, para conocer algunos nativos de Hawaii. Conocí a un guía quien me presentó a muchos de sus amigos y me llevó a algunas casas en la isla para que viera cómo viven. Me dí cuenta de que los habitantes de las casas que visité eran felices, dichosos y libres; son personas amables, generosas muy espirituales y están llenas de la risa y música de Dios. Me encontré entre personas quienes por medio del amor de Dios, viven la vida en forma gloriosa en el espíritu de la Libertad Divina. En las siguientes páginas voy a explicar en detalle cómo usted también puede establecer un patrón para vivir en forma victoriosa.

COMO SE ENCONTRO UN PATRON PARA LLEVAR UNA VIDA VICTORIOSA

Cuando realicé algunas compras en un pueblo remoto de este lugar, llevé a cabo una interesante conversación con un hombre que había venido del continente hace algunos años, y quien es propietario, en la actualidad, de una tienda en la campiña. Me contó que fue alcohólico, su esposa lo abandonó y se llevó todo el dinero (tenían una cuenta mancomunada); se había vuelto tan amargado, irritable y odioso que le costaba trabajo encajar en una organización. Un amigo le sugirió que se fuera a Kauai y le explicó que era la isla más antigua de la cadena hawaiana, la cual goza de una belleza peculiar, llena de follaje frondoso, vegetación y flores. Además, le habló acerca de los profundos cañones llenos de color, las playas doradas, y los ríos sinuosos; todo esto cautivó su imaginación.

Cómo se llevó a cabo un cambio de parecer

Trabajó en los campos de caña de azúcar de este lugar durante algunos meses. Un día enfermó y estuvo en el hospital varias semanas. Cada día, los hawaianos lo visitaban, le traían fruta, oraban por él y mostraban mucho interés por su bienestar. Su amabilidad, amor, y atención penetraron su coraza y él correspondió y derramó amor, paz y buena voluntad sobre ellos. Se convirtió en otro hombre.

Un patrón para llevar una vida perfecta

Lo fórmula de este hombre es muy sencilla: El amor siempre triunfa sobre el odio y la bondad siempre sale victoriosa sobre la maldad, pues el universo está hecho así. Me gustaría comentar acerca de lo que aconteció en este caso en forma psicológica y espiritual. El corazón de este hombre estaba lleno de amargura, autocondena y odio hacia las mujeres. El amor, amabilidad y oraciones de sus compañeros de trabajo penetraron en las capas de su mente subconsciente y erradicaron todos los patrones negativos depositados ahí, su corazón se llenó de amor y buena voluntad hacia todos. Descubrió que el amor es el disolvente universal. Su oración constante, en la actualidad, es: "Derramo el amor, la paz y la dicha de Dios, todos los días de mi vida, sobre todas las personas que conozco". Cuanto más amor brinda, más recibe. Es más bienaventurado dar que recibir.

CINCO PASOS PARA LLEVAR UNA VIDA GLORIOSA

1. Todas las mañanas al despertar afirme con audacia, mucho sentimiento y comprensión: "Este día es del Señor;

me regocijo y estoy contento. Me regocijaré y agradeceré que mi vida está dirigida por la misma Sabiduría Eterna que guía a los planetas en su curso y es la causa que brille el sol".

2. "Viviré la vida en forma gloriosa, el día de hoy y todos los días. Experimento más del amor, luz, verdad y belleza de Dios durante todo el día, y cada día".

3. "Ayudaré en lo que pueda a todas las personas con quien tengo contacto y a todos mis compañeros de trabajo, y me solazaré en ello".

4. "Tendré mucho entusiasmo en mi trabajo y en mis maravillosas oportunidades de servir."

5. "Me regocijo, y agradezco el hecho de que cada vez experimento más el amor, la vida y las verdades de Dios y cada día manifiesto más la gloria de Dios".

Empiece cada día con la afirmación de estas maravillosas verdades y tenga confianza en su realidad. Lo que usted cree, y anticipa fielmente, sucederá, y las maravillas aparecerán en su vida.

COMO PUEDE APRENDER A CAMINAR Y A HABLAR CON DIOS PARA ADQUIRIR PAZ Y SERENIDAD

Conocí a un hombre extraordinario en la Gruta de Fern, donde la tripulación del barco es conocida porque canta la nunca olvidada canción hawaiana del matrimonio. El tenía noventa y seis años de edad, de andar enérgico y cantaba con voz vigorosa las hermosas canciones hawaianas de amor en el barco que nos conducía a la famosa gruta. Después del paseo me invitó a su casa, una experiencia increíble. Comimos pan de jengibre hecho en casa, servido en gruesas rebanadas, papaya, tarta de manzana, arroz, salmón asado y café kona, el cual se cultiva en una de las islas vecinas.

Durante la comida me contó cómo se había convertido en un hombre nuevo en Dios, y a la edad de noventa y seis años, con toda certeza, cumplía su cometido; con mejillas rubicundas y salud radiante y vigorosa, ojos llenos de luz y amor y la dicha pintada en su cara. Hablaba inglés, español, chino, japonés y los idiomas hawaianos con fluidez. Me deleitó con un fino torrente de sabiduría, gracia, chistes y buen humor nativos. Me fascinó por completo y finalmente le pregunté: "¿Cuál es su secreto de la vida y de la dicha? Parece estar rebosante de entusaismo y energía" Me contestó: "¿Por qué no he de ser feliz y fuerte? Mire usted, soy propietario de la isla y sin embargo, no tengo nada". Luego agregó: "Dios posee todo, pero toda la isla y todo lo que hay en ella son míos para disfrutarlos, las montañas, los ríos, las cuevas, la gente y el arco íris". Me preguntó: "¿Sabe cómo obtuve esta casa?" Y se contestó él mismo: "Un turista agradecido me la compró, fue un regalo, de otra manera no la tendría".

Cómo lo curó Dios

Agregó que hace aproximadamente sesenta años se estaba muriendo de tuberculosis y lo habían desahuciado, sin embargo, un kahuna local (clérigo nativo) lo visitó y le dijo tanto a él como a su madre que él viviría y que Dios lo curaría. El kahuna cantó oraciones, colocó sus manos en su garganta y pecho y en su lenguaje nativo llamó al poder curativo de Dios. Al final de aproximadamente una hora de estos cánticos, manifestó que estaba curado por completo y al día siguiente fue a pescar. Comentó que desde entonces: "nunca he tenido ni un dolor ni una molestìa. Tengo piernas maravillosas; he caminado por todas estas montañas. Además tengo amigos amables y cariñosos, unos cuantos perros, cabras y esta maravillosa isla. Y tengo a Dios en mi corazón. ¿Por qué no he de ser feliz y fuerte?" Este hombre en realidad camina y habla con Dios, y al tener a Dios en su corazón, es feliz todos los días. Este hombre maravilloso cultiva su tierra, cuida de sus cabras y ovejas, visita a los enfermos, asiste a todos los festivales y canta las canciones hawaianas de amor, las cuales llegan al alma del hombre.

Su canción para tener salud y vitalidad

La única prescripción que le dio el kahuna fue: "canta el Salmo 100. Por la mañana, al mediodía y por la noche vive con estas verdades en tu corazón y nunca volverás a estar enfermo". Cantó para mí, y nunca he escuchado en mi vida algo tan conmovedor, penetrante, hermoso y sentimental. Fue como la melodía de Dios tocada sobre su plexus sagrado.

Este es el Salmo de alabanza:

"Cantad alegres a Dios, habitantes de toda la tierra.

Servid a Jehová con alegría; venid ante su presencia con regocijo.

Reconoced que Jehová es Dios; El nos hizo, y no nosotros a nosotros mismos; pueblo suyo somos, y ovejas de su prado.

Entrad por sus puertas con acción de gracias, por sus atrios con alabanza; alabadle, bendecid su nombre.

Porque Jehová es bueno; para siempre es su misericordia, y su verdad por todas las generaciones".

(Salmos 100:1-5)

Cómo la fe y la receptividad curan

Al conocer las leyes de la mente, usted puede darse cuenta, fácilmente, de la impresión que el clérigo kahuna tuvo con él. Tenía fe absoluta en los poderes del kahuna y creyó en forma implícita que sería curado; de acuerdo con su creencia su mente subconsciente respondió. En la actualidad, conforme canta el Salmo 100 todos los días, su mente y su corazón son elevados en reconocimiento a Dios, y hay una reación automática de la Ley, la cual atrae innumerables bendiciones.

La ley de la oración de agradecimiento

Un corazón agradecido siempre se encuentra cerca de Dios; y conforme este hombre agradece diariamente su salud, abundancias y todas las bendiciones además de su seguridad, Dios multiplica esto en forma ilimitada. Esto está basado en la ley de acción y reacción, la cual es cósmica y universal. La Biblia dice: *"Acercaos a Dios, y él se acercará a vosotros"* (Santiago 4:8). Thoreau dijo: "Debemos agradecer el haber nacido". Practique cantar y vivir las verdades del Salmo 100. Escriba estas verdades en su corazón por medio de la repetición en forma lenta, amorosa y con sentimiento. Conforme lo haga, estas ideas encontrarán su camino, por medio de la repetición, hacia las capas más profundas de su mente, y como semillas, crecerán en consecuencia. Permita que se realicen milagros en su vida.

COMO UNA ABUELA SE MANTIENE INSPIRADA Y LLENA DE VIDA

Platiqué con una abuela quien se encontraba sentada junto a mí en el viaje por barco al Cañón de Waimea, un desfiladero que tiene una profundidad de aproximadamente 3,000 pies cerca del río Waimea. Llevaba a sus dos nietas a visitar lugares interesantes. Comentó sobre los bellos colores del estrato de riscos y de la vegetación tropical que cubría los lados del cañón. Debo agregar que las sombras de las nubes en movimiento hacían de éste un espectáculo inolvidable. Esta hermosa mujer espiritual me informó que tiene más de noventa años de edad y que nunca ha estado enferma en su vida, por la sencilla razón, dijo, de "estar al día en sus oraciones". Esta hawaiana imparte clases en la escuela dominical, escribe poesía, rema una lancha, pesca, todos los días ordeña sus dos vacas, pronuncia discursos ante grupos de mujeres y, en la actualidad, tiene en proyecto organizar una excursión por Europa para veinte personas.

Me mostró una tarjeta en la que tenía mecanografiadas las palabras de Tennyson: "Oh, veo que la promesa creciente de mi espíritu no se ha asentado. Las fuentes antiguas de inspiración aún manan por mi fantasía". En el reverso de la tarjeta estaba este verso Bíblico: *"A todos los sedientos: Venid a las aguas, y los que no tienen dinero, venid, com-*

prad y comed. Venid, comprad sin dinero y sin precio vino y leche". (Isaías 55:1).

En la Biblia, vino significa inspiración del Todo Poderoso, donde el Espíritu Santo fluye en su interior y le proporciona energía y vigor a todo su ser. La leche simboliza nutrimento. Alimente su mente con ideas que curan, bendicen, elevan, inspiran y ennoblecen su alma. Todos los días alimente su mente con pensamientos de amor, paz, fe, confianza, éxito y acción correcta Divina. El precio que usted paga es atención, devoción y lealtad por estas verdades eternas.

Su clave para una vida dichosa

Esta mujer encontró la clave para llevar una vida inspirada y vigorosa al llevar en su corazón estas dos maravillosas citas hasta que se convirtieron en parte viviente de ella. Ella creía lo que afirmaba y vivía en la esperanza dichosa de lo que afirmaba. Exudaba vibraciones, dicha y buena voluntad.

Descubrió que la comunión diaria con el Padre que se encuentra en su interior es la respuesta del Poder Cósmico para llevar una vida perfecta.

UN GRAN BANQUETE ESPIRITUAL

Visité una mujer famosa en la encantadora y exótica isla de Maui. En su casa se encontraba reunido un grupo de personas distinguidas y discutimos, desde aproximadamente las diez de la mañana hasta las cuatro de la tarde, sobre las leyes mentales y espirituales. Sus invitados estaban familiarizados con los libros *"El Poder de su Mente Subconsciente"*[1] y *"El Milagro de la Dinámica de la Mente"*.[2] Nunca he conocido en toda mi vida, un grupo tan entusiasta, feliz y dichoso. Sus corazones estaban llenos del fuego

[1] Jospeh Murphy, El Poder de Su Mente Subconsciente (Englewood Cliffs, N. J.: Prentice-Hall, Inc., 1963).

[2] Joseph Murphy, El Milagro de la Dinámica de la Mente (Englewood Cliffs, N. J.: Prentice-Hall, Inc. 1964).

Divino. Relataron cómo superaron sus problemas al poner su confianza en un poder más grande que ellos mismos o sus egos conscientes. Se reunen para discutir mis libros y escuchar mis grabaciones. Me hicieron preguntas que me deleitaron porque mostraron enorme interés y discernimiento sobre las cosas Divinas. Han descubierto que la dicha de vivir se encuentra en la contemplación regular y sistemática de las verdades de Dios.

SABIDURIA HAWAIANA Y DICHA INTERNA

He descubierto que los hawaianos son muy inteligentes, pues han adquirido, durante siglos, un enorme cúmulo de conocimientos tradicionales y esotéricos. Un hombre, nativo de Maui, quien se encontraba sentado junto a mí en el avión de Kauai a Maui, era cien por ciento hawaiano y tenía conocimientos de las condiciones climatológicas, corrientes, mareas, etc. Me informó que podía predecir maremotos, tormentas y erupciones volcánicas. Conoce el nombre de todas las frutas, flores y árboles de las islas y sabe cuáles son las propiedades curativas de las hierbas.

Tenía la capacidad de leer mentes y es definitivamente clarividente. Me dijo hacia donde me dirigía yo y sabía mi nombre y mi dirección y tenía el don de retrocognición, pues habló en forma precisa, de muchos eventos pasados de mi vida. Para probar su don de clarividencia, le pedí que leyera una carta que llevaba en mi bolsa, la cual no había yo leído ya que la había olvidado hasta ese momento. Leyó el contenido en forma exacta como lo verifiqué al leerla después.

Este joven tiene una sabiduría innata; está en contacto con su mente subconsciente, la que sabe todas las respuestas de todas las preguntas. Comentó: "Cada vez que quiero saber algo, únicamente, digo 'Dios tu lo sabes, dímelo'. La respuesta siempre llega porque tengo un amigo en mi interior". Este hombre trabaja en los campos de caña de azúcar, toca la ukulele, canta cuando trabaja y obviamente está en armonía con el Infinito. En realidad, tiene un amigo en su interior, y ha descubierto la dicha de la Presencia de Dios que es su fuerza.

LA FORMULA MILAGROSA DE SIETE PASOS

Durante mi estancia en las islas, reservé un día para entrevistar a las personas que deseaban consultarme en el hotel en Kawai. Mi primer visitante fue un hombre al que yo había aconsejado con anterioridad, unos años antes, en el Hotel Real Hawaiano en Honolulu. En esa época él era un alcohólico confirmado y lo habían declarado ebrio y bebedor compulsivo. Se había sometido a un tratamiento con fármacos, hipnosis y otras formas de terapia. Me dijo: "He venido a expresarle mi agradecimiento y sólo le quitaré unos minutos de su tiempo. Usted me indicó que yo era el amo de la botella y que ésta no tenía poder. Me dijo que cesara de poner pretextos y excusas y que me convirtiera en un hombre de verdad. Seguí la técnica que usted delineó; me perdoné a mí mismo y perdoné a otros, y en la actualidad soy propietario de una tienda, estoy casado, pertenezco a una iglesia local y tengo dos hijos maravillosos. Nada más vine a agradecérselo."

Lo reconocí y recordé muy bien la pláctica que tuve con él en Honolulu. En esa época lo acababan de dar de alta del hospital donde había estado sometido a un tratamiento por alcoholismo. A continuación presento los pasos que le indiqué que siguiera, los cuales transformaron su vida:

1. Me perdono completa y libremente por albergar rencores, resentimientos y mala voluntad hacia otros. Cada vez que pienso en otros les deseo todas las bendiciones de la vida.
2. Soy rey y amo completo sobre mis pensamientos, palabras, acciones, emociones y reacciones. Soy monarca absoluto sobre mi reino conceptivo.
3. Deseo librarme por completo de este hábito; me lo propongo y soy absolutamente sincero. Estoy consciente de que cuando el deseo de dejarlo es mayor que el deseo de continuar, estoy curado en un sesenta por ciento.

4. He tomado mi decisión y sé que de acuerdo con la decisión así se hará. Mi mente subconsciente sabe que soy sincero.

5. Ahora utilizo mi imaginación en forma correcta. Sé que mi poder de imagen es la fuerza primordial del hombre y mi facultad más grande. Tres veces al día durante tres o cuatro minutos pasaré una película en mi mente donde veo a mi madre felicitándome por mi salud perfecta y mi libertad. Escucho su voz y siento su abrazo y me encuentro dichoso por todo. Cada vez que tenga esta tentación, volveré a pasar, inmediatamente, esta película en mi mente. Estoy consciente de que esta película mental está apoyada por el poder de Dios.

6. Sé lo que estoy haciendo y por qué; sé que de acuerdo con mi creencia, así se hará. Me doy cuenta de que creer es aceptar algo como verdad. Estoy consciente de que mi deseo es real, mi imagen mental es real y el poder que me apoya es de Dios. Comprendo que todo el poder de Dios está dirigido hacia el punto focal de mi atención.

7. Ahora estoy libre y doy las gracias.

Le he proporcionado esta fórmula milagrosa de siete pasos a muchos alcohólicos, víctimas de LSD y mariguana, fármaco-dependientes, etc. Usted puede vencer cualquier hábito negativo siguiendo estos principios sencillos. Este hombre es feliz, dichoso, está rebosante de ánimo. Asistí a una comida en su casa donde las palmeras de coco parloteaban en las brisas vagabundas; las olas en el océano golpeaban en la cercanía, y se alejaban dejando espuma en la arena; y las brillantes flores tropicales nos rodeaban. La papaya helada con limón era tan dulce como un néctar de los dioses. Y el poi, su platillo principal, estaba sazonado deliciosamente con canela y nuez moscada. En toda la atmósfera de la casa había belleza, serenidad y dicha por la vida. El y su familia oraron antes y después de la comida, agradeciendo todas sus bendiciones, y canciones de amor y música hawaiana llenaban el lugar. En realidad, había entrado a lo que llamamos poder infinito para llevar una vida perfecta.

COMO ADQUIRIR PLACER POR LA VIDA

He cruzado correspondiencia con una joven de esta isla a la que llamaré Mary. Había estudiado el libro *"El Poder de su Mente Subconsciente"*,[3] que le envié hace algunos meses. En su carta original que me llegó a mi casa de Beverly Hills, escribió que estaba llena de un temor anormal y que su personalidad estaba paralizada. Había roto su compromiso con un joven, y él se había vengado diciéndole que un kahuna la había maldecido; vivía en constante temor. Le escribí y le expliqué que sólo existe Un Poder, y que este Poder se mueve como unidad y armonía en el mundo; que Dios es Espíritu, Uno e Indivisible; y que una parte del Espíritu no podía ser antagonista de la otra parte del Espíritu; por lo tanto, no había que temer. Le redacté una técnica espiritual para que la siguiera, la cual disiparía todos sus temores.

En mi entrevista con ella el día de hoy, encuentro a una personalidad radiante, una joven que exuda vibraciones, llena de entusiasmo y dicha, henchida de nuevas ideas para la isla. Ella manifestó: "Seguí sus instrucciones al pie de la letra y una luz interna me transformó."

El siguiente es el régimen espiritual que practicó varias veces al día, como le sugerí en mi carta:

"Dios es todo lo que existe. Uno con Dios es una Mayoría. *"Si Dios es por mí, ¿quién contra mí?"* (Romanos 8:31). Sé y creo que Dios es el Espíritu Viviente Todo Poderoso, el Eterno, Todo Sabiduría, y no existe poder que pueda retar a Dios. Comprendo y acepto por completo que cuando mis pensamientos son pensamientos de Dios, el poder de Dios está con mis pensamientos del bien. Estoy consciente de que no puedo recibir lo que no puedo dar, y tengo pensamientos de amor, paz, luz y buena voluntad hacia mi exnovio y hacia todos los que están relacionados con él. Estoy inmunizada e intoxicada con Dios, y siempre estoy rodeada por el círculo sagrado del amor de Dios. Toda

3 Joseph Murphy, El Poder de Su Mente Subconsciente (Englewood Cliffs, N. J.: Prentice-Hall, Inc., 1963).

la armadura de Dios me rodea y me cubre. Soy guiada y dirigida en forma Divina y entro al placer por la vida. *"En tu presencia hay plenitud de gozo; Delicias a tu diestra para siempre"*. (Salmos 16:11).

Practicó la repetición de estas verdades en forma regular y sistemática durante aproximadamente diez minutos en la mañana, al mediodía y en la noche, sabía, creía y comprendía que conforme afirmaba estas verdades se iban hundiendo gradualmente en su mente subconsciente por medio de un procedimiento de ósmosis espiritual y saldrían como libertad, paz interior un sentido de seguridad, confianza y protección. Estaba consciente de que estaba aplicando una ley en la mente que nunca falla. A los diez días había desaparecido todo el temor. En la actualidad tiene un magnífico trabajo aquí en la isla. Me presentó a su nuevo prometido y su comentario fue: "Es la alegría de mi vida". Esta joven que estaba casi petrificada por el temor de una supuesta maldición es ahora efusiva, y brinda sus talentos, y ha adquirido placer por la vida.

EL SIGNIFICADO DE KAHUNA

La mayor parte de los hawaianos de este lugar y de las otras islas afirman que ya no existen los kahunas y no quieren hablar de ellos. Sin embargo, existe el tipo de persona llamado el kahuna blanco, lo que significa un hombre que practica la magia blanca o hechiza por medio de sus conjuros o conocimiento esotérico. Uno de mis guías hawaianos me explicó que estos kahunas han sido preparados por sus mayores desde que son muy pequeños y están sometidos a una disciplina muy rigurosa y al silencio. Muchos de ellos son muy respetados por sus poderes de curación por medio de lo que llamaríamos, en la actualidad, el conocimiento de la mente subconsciente; además conocen las propiedades curativas de ciertas hierbas y plantas. Mi guía, que estaba más dispuesto a discutir el asunto que los demás, señaló que algunos de los kahunas son muy temidos como anaanas kahuna, es decir, los que tratan con la muerte o con la magia negra.

La dama antes mencionada aprendió que las amenazas, sugerencias negativas y declaraciones de otros no tienen ningún poder para crear lo que ellos sugieren. Usted es el único que piensa en su universo; su pensamiento es creativo. Piense en el bien, y seguirá el bien; piense en el mal y seguirá el mal. Unase a Dios. Cuando sus pensamientos son los pensamientos de Dios, el poder de Dios está con sus pensamientos del bien. Recuerde: *"Uno con Dios es una mayoría"*, y *"Si Dios por mí, ¿quién contra mí?* (Romanos 8:31).

PUNTOS DE ESTE CAPITULO PARA RECORDAR

1. El amor de Dios, lo que significa el amor hacia todo lo bueno o el vínculo emocional, le permitirá vivir en forma gloriosa.
2. El amor, amabilidad y buena voluntad derritirán el hielo que se encuentra en el corazón de la otra persona y dará como resultado una acción recíproca de la persona a la que está dirigido. El amor es el disolvente universal.
3. Cuando se despierte en la mañana, afirme con alegría: "Este es el día del Señor, me regocijaré y estaré contento. Agradezco el hecho de que mi vida está dirigida por la misma Sabiduría que guía a los planetas en su curso y es la causa de que brille el sol". Tenga fe en la orientación de Dios y sucederán maravillas en su vida.
4. Esté consciente de que la edad no es el paso de lo los años; es el amanecer de la sabiduría en su mente. Dios posee todas las cosas y todo el mundo ya existía cuando usted nació. Deje que la dicha del Señor sea su fuerza.
5. Viva con las grandes verdades del Salmo 100; es una oda de agradecimiento al Señor. Cante estas verdades a su alma hasta que se conviertan en una parte integral de usted, al igual como el pan que se digiere se convierte en parte de su torrente sanguíneo.

6. Un corazón agradecido siempre está cerca de Dios. La Biblia dice: *"Acercaos a Dios, y él se acercará a vosotros"* (Santiago 4:8).
7. Usted siempre puede sentirse inspirado y lleno de vida. Todas las mañanas, hable con Dios y El le contestará.
8. Usted puede descubrir la dicha de vivir contemplando las verdades de Dios en forma regular y sistemática. Usted se convierte en lo que contempla.
9. Los poderes de clarividencia, precognición y telepatía se encuentran en su interior. Conforme crezca en sabiduría, empezará a aprovechar el depósito infinito de su interior y estas facultades latentes serán activas en su vida.
10. Usted no puede recibir lo que no puede dar. Esta es la ley de la mente. Brinde amor, alegría y buena voluntad a todos. Cuanto más dé tendrá más bendiciones.
11. Usted es el único que piensa en su universo. No hay nada que temer en el universo de Dios. *"No temeré mal alguno porque tú estarás conmigo"* (Salmos 23:4). *"Uno con Dios es una mayoría"*. *"Si Dios es por mí, ¿quién contra mí?"* (Romanos 8:31).

ONCE

COMO TENER EL PODER INFINITO A SU FAVOR

Una de las claves para comprender la vida es darse cuenta de que todo llega en pares. Todas las acciones provienen del funcionamiento recíproco de contrarios. Una combinación de fuerzas masculina y femenina de la vida crearon el universo. Emerson indicó una vez: "Encontramos polaridad, o acción y reacción en toda la naturaleza". Tenemos espíritu y materia, masculino y femenino, positivo y negativo, enfermedad y salud, amor y odio, noche y día, calor y frío, dentro y fuera, dulce y amargo, arriba y abajo, norte y sur, subjetivo y objetivo, movimiento y reposo, sí y no, éxito y fracaso, tristeza y alegría, etc. El espíritu y la materia no son sino aspectos de Una Realidad. La materia es el espíritu reducido al punto de visibilidad; es el grado más bajo del espíriu y el espíritu es el grado más alto de la materia. Estos contrarios de la vida son manifestaciones de Un Ser y son necesarios para experimentar la vida. En el estado absoluto no existe diferencia, contraste o relación establecida; subsiste en un estado de unidad. Cuando el Absoluto se volvió relativo, es decir, cuando Dios creó al universo, El creó los contrarios para que pudiéramos experimentar sensación y función y el sentido de estar vivos. Debemos tener sentimientos y sensibilidad para estar conscientes de estar vivos. Sabemos, por contraste, la diferencia entre el calor y el frío, la altura y la profundidad, longitud y anchura, depresión y júblio, masculino y femenino y subjetivo y objetivo. Todos estos contrarios son mitad de Un Ser completo, perfecto e indivisible.

COMO LLEGAN LOS PENSAMIENTOS EN PARES

Un muchacho de doce años de edad que acostumbra escuchar mi programa matutino de radio le informó a su mamá que durante las vacaciones escolares visitaría a su tío en Australia. Tenía muchos deseos de ir, sin embargo, tuvo otro pensamiento: "Mi mamá no lo permitirá". Su madre había señalado: "Es imposible; no tenemos dinero y tu padre de ninguna manera puede pagar un viaje como éste; estás soñando".

No obstante, el muchacho le indicó a su madre que había escuchado mi programa de radio y en éste se manifestaba que si se desea realizar algo y se tiene fe de que la Inteligencia Creativa que se encuentra en su interior lo hará suceder, su oración será contestada. Su madre le contestó: "Adelante, empieza a orar". Este muchacho había estado leyendo extensamente acerca de Australia y Nueva Zelanda pues tenía un tío en Australia quien era propietario de un rancho muy grande. Oró de la siguiente manera:

"Dios nos indica a papá, a mamá y a mí el camino para dirigirnos a Australia durante las vacaciones; creo en esto y Dios se hace cargo ahora". Cuando llegaba a su mente el pensamiento de que sus padres no tenían dinero para ir, afirmaba: "Dios indica el camino". Sus pensamientos venían en pares, pero él le prestaba atención al pensamiento constructivo y el pensamiento negativo se desvanecía.

Cómo viajó en forma astral

Una noche, el muchacho tuvo un sueño en el que se encontró en el rancho de su tío en Nuevo Gales del Sur, observaba a miles de ovejas y conocía a su tío y a sus primos. En la mañana, cuando despertó, describió toda la escena a su madre quien estaba impresionada. El mismo día, llegó un telegrama de su tío quien invitaba a los tres a su rancho y ofrecía costear los gastos de ida y vuelta. Ellos aceptaron.

El intenso deseo del muchacho de visitar a su tío actuó, mientras estaba dormido, sobre su mente subconsciente como una orden; y viajó en forma astral al rancho en su cuerpo de cuarta dimensión. El me contó que lo que observó cuando llegó al rancho con sus padres coincidió exactamente con lo que vio, mientras dormía, en su proyección astral. De esta manera, aconteció como él creía.

COMO FUE SUPERADO EL TEMOR A UN SEGUNDO MATRIMONIO

Una joven me comentó: "Deseo volverme a casar, sin embargo, me llega a la mente un pensamiento de temor de que atraeré a un hombre que no me conviene y repetiré el mismo error que cometí en mi matrimonio anterior." El temor luchaba con su deseo, y parecía que su pensamiento de temor dominaba. Le expliqué que todo llega en pares. Por ejemplo, si se piensa en la salud, el pensamiento de enfermedad llega a la mente; si se piensa en riqueza, el pensamiento de pobreza surge; si hablamos de bondad, pensamos en maldad; y así sucesivamente.

Le indiqué que para poder superar el pensamiento negativo tenía que alejar el pensamiento de temor y elevar su mente sobre la oposición por medio de la contemplación de la realización dichosa de su matrimonio con el hombre adecuado.

La técnica que empleó para la realización dichosa

"Estoy consciente de que sólo existe un Poder Omnipotente que no conoce la oposición. No existe nada que se le oponga, lo rete o lo contamine; es invulnerable e invencible y ahora decreto que atraigo al hombre adecuado, quien armoniza conmigo espiritual, mental y físicamente. Pongo toda mi atención en esta idea en mi mente y confío en que la ley de mi subconsciente lo haga suceder". Cuando el pensamiento de temor le llegaba, afirmaba: "Dios se hace cargo de mi petición". Después de unos cuantos días el pensamiento de temor perdió ímpetu y se desvaneció. Hizo que viviera su ideal en su mente alimentándolo y nutriéndolo por medio de una enorme fe y confianza.

Cómo conoció al cuerpo (astral) de cuarta dimensión de su futuro esposo

Todas las noches cuando uno duerme pasa a la siguiente dimensión de la vida, la cual se llama la *cuarta dimensión*, y la cual interpenetra este plano. Poco tiempo después de haber empezado la técnica de oración, tuvo un sueño vívido en el cual yo efectuaba su ceremonia de matrimonio en mi casa. Percibió a su futuro esposo y me escuchó pronunciar su nombre y pedirle que repitiera sus votos de la ceremonia de matrimonio. Fue muy vívida y real. Sintió que estaba en mi casa y tocó la estatua de Buda y las pinturas que están en la pared.

Con mucha dicha y felicidad se despertó y me telefoneó para contarme lo que había sucedido en su sueño; describió el cuarto, donde acostumbro celebrar las ceremonias de matrimonio, en todo detalle. Le expliqué que mientras dormía había viajado a mi casa en su cuerpo (astral) de cuarta dimensión, el cual está sobrecargado de electrones, rarificado y atenuado, vibra a enorme velocidad y es capaz de penetrar paredes, etc. Le señalé que, sin duda alguna, el matrimonio ya se había llevado a cabo en la siguiente dimensión de la mente y que su propia convicción y comprensión interna harían que sucediera.

El toque final de su viaje astral

Esta joven, quien es secretaria en una gran organización, fue invitada a la casa de uno de los ejecutivos. Su anfitriona le presentó a su hijo ¡quien resultó ser el hombre que vio en su sueño! El le manifestó: "La he visto antes" y le contó su sueño de la ceremonia de matrimonio, la cual había sido efectuada por un ministro desconocido en una casa en la que nunca había estado. Los dos tuvieron sueños idénticos y posteriormente el autor celebró la ceremonia que coincidió en todos los detalles con esta experiencia combinada de cuarta dimensión. Mi explicación es que esta joven, al pensar con interés sobre la clase de hombre con el que deseaba casarse, inscribió la idea en su mente subconsciente, la cual, a su vez, dramatizó su contenido en un ensayo de cuarta dimensión, puesto que todo lo que sucede en forma objetiva debe realizarse primero subjetivamente. La Inteligencia Infinita de su mente subconsciente los reunió en la cuarta dimensión y en la tercera dimensión.

POR QUE ES USTED SU PROPIO LEGISLADOR DE SUS EXPERIENCIAS BUENAS O FRUSTRANTES

Sus pensamientos habituales, conceptos y opiniones evocan ciertas emociones de su interior que se imprimen en su mente subconsciente y que repiten en forma automática estos patrones en su experiencia de la vida como un autómata o alguna especie de robot mecánico. La ley de su mente es tal que cualquier cosa que imprima en su mente subconsciente es manifestada como experiencia, circunstancias y eventos en su vida. Esta es la razón por la que usted hace sus propias leyes, reglas y reglamentos. Al comprender esta ley, usted procederá a escribir en su mente pensamientos de éxito, felicidad, paz, armonía, abundancia, acción correcta y seguridad, por medio de los cuales tendrá una vida llena y feliz.

COMO UN VENDEDOR SE LIBRO DE SU "MAL DE OJO"

Un vendedor se quejó conmigo de que había fracasado pues no había realizado una sola venta en cuatro días consecutivos y que estaba seguro de que algún mal de ojo o coco estaba en contra de él ya que cada vez que visitaba a un cliente, éste decía: "No hay nada hoy" o "no lo puedo recibir hoy".

Este vendedor estaba enojado y furioso consigo mismo y se decía a sí mismo: "Estoy perdiendo mi dominio; las circunstancias me son desfavorables; soy un fracaso". Estas declaraciones cargadas de temor se alojaron en su mente subconsciente. Esta última, una ley impersonal, respondía con movimiento automático y confirmaba sus temores y creencias interiores del mundo exterior de las cosas. En otras palabras, decretó una respuesta mecánica de su mente subconsciente hacia el derrotismo y el fracaso acompañado por autocrítica y autocondena.

Cómo encontró la victoria dentro de sí mismo

Le brindé el siguiente consejo: El primer paso a seguir para restaurar el éxito y la buena suerte es cesar, por completo, toda autocrítica y buscar la Presencia de Dios en su interior y elegir la orientación Divina, la acción correcta, la armonía y la abundancia. Le expliqué que poseía la capacidad de idealizar e imaginar en forma consistente el éxito, logros y victorias; si utilizaba esta habilidad su mente profunda respondería entonces en consecuencia. Empezó a comprender en forma más clara que sus pensamientos e imaginación podían cambiar su condición, experiencia y sensaciones.

Este vendedor cambió la suerte que estaba en su contra al comprender y aplicar la siguiente oración: "A partir de este momento, espero sólo lo mejor, y estoy consciente que invariablemente lo mejor me sucederá. Sé que la buena suerte me llega de muchas maneras. Cuando esté dispuesto a condenarme o menospreciarme, de inmediato afirmaré: 'Alabo a Dios en mi interior que me orienta y me cuida en todos mis caminos'. Comprendo que mi naturaleza real es Divina y que Dios mora en mí y me hace prosperar en todos mis caminos. Decreto éxito, abundancia y logros. El amor Divino me antecede en todos mis caminos y prospero más allá de mis sueños más preciados".

Este vendedor reacondicionó su mente reiterando las verdades anteriores con frecuencia, y volvió a progresar con más habilidad para proporcionar servicios y aumentar sus ventas y su buena fortuna.

EL PATETICO CASO DE UN APRENSIVO ESTUDIANTE DE MEDICINA

A continuación se encuentra parte de una carta que recibí de un estudiante de medicina; escribe: "Estoy desesperado, odio a uno de mis profesores; temo que él me repruebe y entonces mis padres se avergonzarán; me odio a mí mismo; soy patológico e introspectivo; tengo miedo de que pueda estallar contra mi profesor y entonces estaré acabado. Estoy loco de temor".

Le pedí que me viniera a ver, puesto que una consulta personal siempre es más fructífera que una larga disertación por carta. Cuando hablé con él, descubrí que este joven estudiante de medicina pensaba que debía reprobar. Su temor me reveló que, en forma inconsciente, sentía en su interior que debía ser castigado y que el profesor debía reprobarlo porque era un inútil. Admitió que todo esto era verdad. En realidad, estaba proyectando su temor y su autocondena hacia el profesor, sus padres y hasta la universidad, mientras que al mismo tiempo, en la profundidad de su corazón, se decía a sí mismo: "Debo fracasar".

La razón básica de su frustración

¿Por qué deseaba este joven ser doctor y al mismo tiempo, en su interior, también quería reprobar su examen? El fue educado en un hogar donde su padre era tiránico y déspota; su padre y su madre peleaban en forma constante. Su padre estableció estándares demasiado altos para él tanto escolares como de otra índole, y el muchacho no llenaba estos estándares y por lo tanto, sentía que era inútil y un fracaso. Cuando era niño se odiaba a sí mismo y se sentía "rechazado". Más adelante sus actitudes dominantes fueron la autolástima y el autocastigo, y como adulto continuamente repetía este sentido de rechazo y de repudio. Cuando uno de los profesores criticaba su trabajo, regresaba, en su mente, a sus antiguos agravios y traumas psíquicos o pensamientos de vejación de su juventud, y sentía que era inútil y que debía ser castigado; por lo tanto, él quería lastimarse a sí mismo y destruir cuatro años de estudios de medicina.

Cuando se comperndió a sí mismo y se dio cuenta de que a menudo proyectamos nuestros temores, animosidades y autocondenas hacia afuera hacia las personas, medio ambiente y fuerzas invisibles, de repente, se dio cuenta de los terribles resultados de decir: "Soy un inútil; soy un fracaso, debo ser castigado; soy un fiasco; debo suicidarme". Comprendió que todas estas negaciones eran órdenes a su mente subconsciente, que reaccionaba en consecuencia. Al decir que él era un inútil, su subconsciente se encargaba de que reprobara su examen, de que no tuviera buenas relaciones con la gente, de que no estudiara bien y que no tuviera buenos contactos con el mundo en general. Además, era posible que atrajera accidentes, pérdidas y fracasos de todo tipo.

La cura que libera

Percibió de inmediato la causa de su estado al reflexionar, pues estudiaba medicina, y empezó a afirmar con audacia: "La presencia de Dios es mi naturaleza verdadera. Esta presencia es dicha completa, armonía completa, alegría completa, perfecta, absoluta, eterna, infinita y omnipotente.

Este es mi ser verdadero, el cual es constantemente el mismo, ayer, hoy y siempre. Este es el yo soy que se encuentra en mi interior, el principio de la vida, el poder supremo y soberano, creador de todas las cosas visibles e invisibles.

La otra parte de mi ser, mi personalidad, está basada en mi educación, indoctrinación y acondicionamientos anteriores, como los pensamientos y creencias de mis padres, parientes y otros, quienes implantaron temores, supersticiones y otras creencias falsas en mi mente cuando yo era demasiado pequeño para rechazarlos. Puedo cambiar esta personalidad; lo estoy haciendo en este momento y continuaré enviandole a mi mente subconsciente patrones vigorizantes de pensamientos e imaginación con la siguiente afirmación:

'El amor de Dios llena mi subconsciente y borra todos los patrones negativos de temor. El río de la paz de Dios inunda mi mente; estoy lleno de fe y confianza en la bondad de Dios y estoy consciente de que Dios me guía por todos los caminos y que la acción correcta me gobierna. Irradio amor y buena voluntad hacia mis profesores y hacia todos los que me rodean. Me uno en el océano Infinito de amor, poder y belleza y sé que estoy purificado y completo. Dios me ama y me cuida, y si me acerco a Dios El se acercará a mí".

Este joven estudiante de medicina regresó a la universidad hecho un hombre nuevo y transformado, y me escribió una hermosa carta que decía: "Ahora comprendo el significado de "La luz disipa la obscuridad", y también sé qué le sucede al crucigrama cuando se conoce la respuesta. Utilizo la oración en forma regular; soy un hombre nuevo".

Este joven doctor pudo haber agregado lo que le sucede a la bolsa de veneno de autolástima, autorrepudio y autocastigo del subconsciente cuando permite que entre el océano Infinito de amor, luz, verdad y belleza en la corriente contaminada de la mente. Es purificada y queda completa.

Descubrió en su interior dos naturalezas, el hombre natural (el hombre de cinco sentidos), condicionado, por lo regular, por la herencia, el medio ambiente, y creencias teológicas falsas y el hombre espiritual, lo que significa la presencia de Dios llamada "yo soy" en la Biblia, que quiere decir soy puro, el principio de la vida. Alabó los poderes espirituales que se encuentran en su interior y se unió con ellos mentalmente, y así hizo que estas fuerzas Divinas gobernaran sus pensamientos, sentimientos, creencias, acciones y reacciones. Luego la antigua personalidad murió y nació el nuevo hombre en Dios. Sus pensamientos llegan en pares. Se deben destruir los pensamientos agresivos del hombre de cinco sentidos o material, y se debe resucitar el pensamiento de Dios para que viva en usted. "*Y yo, si fuere levantado de la tierra, a todos atraeré a mí mismo*" (San Juan 12:32)

PUNTOS DE ESTE CAPITULO PARA RECORDAR

1. Todo llega en pares. Por ejemplo, usted está consciente de la noche y el día, flujo y reflujo, norte y sur, masculino y femenino, positivo y negativo, dentro y fuera, dulce y amargo, movimiento y reposo, enfermedad y salud, tristeza y alegría.
2. Estos contrarios de la vida son mitades de Un Todo, que es Dios en manifestación. Estos contrarios, contrastes y comparaciones nos dan las sensaciones de estar vivos.
3. El estado absoluto es un sentido de unidad y de estar completo, sin embargo, cuando Dios creó el universo, creó los contrarios para que pudiéramos experimentar sensaciones de función y de esa manera, entrar a la dicha de vivir y de descubrir nuestra Divinidad verdadera. Dios se convierte en hombre por la dicha de descubrirse a Sí Mismo, puesto que sólo existe Dios. Todo hombre es Dios en manifestación.
4. Un muchacho estaba decidido a ir a Australia, pero temía que su madre no permitiría el viaje. El muchacho le puso atención al pensamiento del viaje y mató de hambre al pensamiento de temor pues lo ignoró y confió en Dios, y obtuvo su viaje.
5. Una joven mujer tenía un intenso deseo de casarse, sin embargo, su temor luchaba con su deseo, y como resultado estaba frustrada. Temía repetir el error que había cometido en un matrimonio anterior. Alejó su mente del pensamiento de temor y contempló las cualidades que admiraba en un esposo confiando en que la Sabiduría de Dios lo haría suceder.
6. Usted decreta leyes para usted mismo por medio de pensamientos habituales, además de las opiniones y concepciones que usted acepta como verdaderas. Lo que usted imprime en su subconsciente es manifestado como experiencia, circunstancia y hecho. Con la pluma de sus pensamientos usted

puede inscribir en su mente subconsciente éxito, orientación, acción correcta, armonía, abundancia y seguridad.

7. El llamado "mal de ojo" que perseguía al vendedor era su autocondena, autocrítica y autoaversión. El invirtió su actitud mental y unió fuerzas con Dios que se encuentra en su interior, y afirmó con audacia que la Inteligencia Infinita lo guiaba, dirigía y lo hacía prosperar en todos los caminos.
8. Un estudiante de medicina temía que reprobaría en su examen final, odiaba a uno de sus profesores y vivía con el constante miedo de que lo insultaría o le diría algo terrible. De repente, comprendió que su temor se debía al hecho de que en su interior y en forma inconsciente, él sentía que debía reprobar, pues se sentía indigno y deseaba ser castigado. Expulsó este temor, y de esa manera, se convirtió en otro hombre.
9. Sus pensamientos llegan en pares. Los pensamientos del hombre de cinco sentidos deben morir, y los pensamientos de Dios que mora en su interior deben ser resucitados para que vivan en usted.

DOCE

COMO EL PODER INFINITO PUEDE RECARGAR SUS BATERIAS MENTALES Y ESPIRITUALES

Hace algún tiempo conversé con un hombre de negocios, quien finalmente me preguntó: "¿Cómo puedo tener una mente tranquila en un mundo lleno de problemas y confusiones? Se dice que 'Una mente tranquila realiza cosas'. Estoy confundido y preocupado y la propaganda de los periódicos, radio y televisión me están volviendo medio loco."

Le indiqué que trataría de atenuar su problema por medio de medicina espiritual, lo que resolvería sus temores y ansiedades y le proporcionaría la paz mental que realiza las cosas. Le señalé que si sus pensamientos en la mañana, al mediodía y por la noche meditaban sobre la guerra, crímenes, enfermedades, dolencias, accidentes y calamidades, estaría automáticamente dispuesto a depresiones, ansiedades y temores, sin embargo, si por otro lado les dedicaba tiempo y atención a las leyes eternas y a los principios que gobiernan el cosmos y la vida entera se elevaría en forma automática hacia una atmósfera mental de serenidad y seguridad internas,

SU MEDICINA ESPIRITUAL

Como resultado, este hombre llenaba su mente tres veces al día con las siguientes verdades: "*Los cielos cuentan la gloria de Dios, y el firmamento anuncia la obra de sus manos*" (Salmos 19:1). Estoy consciente de que una Inteligencia Suprema gobierna a los planetas en su curso y controla y dirige todo el universo. Sé que existen ley y orden Divinos que funcionan con absoluta seguridad para moldear a todo el mundo, y son las causa por la que las estrellas aparecen todas las noches en el cielo y regulan las galaxias en el espacio; y Dios gobierna el universo. Me traslado mentalmente hacia la quietud de mi propia mente y contemplo estas verdades eternas de Dios.

"Tú guardarás en completa paz a aquel cuyo pensamiento en ti persevera; porque en ti ha confiado" (Isaías 26:3).

"La paz os dejo, mi paz os doy; yo no os la doy como el mundo la da. No se turbe vuestro corazón, ni tenga miedo" (S. Juan 14:27).

"Pues Dios no es Dios de confusión, sino de paz . . ." (1 Corintios 14:33).

"Y la paz de Dios gobierne en vuestros corazones " (Colosenses 3:15).

ENFOQUES SOBRE LAS COSAS GRANDES DE LA VIDA

Este hombre de negocios rechazó las inquietudes y preocupaciones del día y les prestó atención a los grandes principios y verdades de la vida, las contempló y enfocó su atención en esto. Se olvidó de las cosas pequeñas y empezó a pensar acerca de lo maravilloso, lo grandioso y lo bueno. Cuando rechazó las tribulaciones y los problemas del mundo y se rehusó a describirlos o aun a considerarlos durante mucho tiempo, su ansiedad y su preocupación disminuyeron y adquirió una mente tranquila en un mundo agitado. En consecuencia, su negocio funcionó mucho mejor bajo las decisiones que ahora podía tomar.

COMO UNA MADRE ATORMENTADA CONQUISTO SU "ENFERMEDAD DEL CORAZON" Y SUS IRRITACIONES

Una joven ama de casa sufría de insomnio y de palpitaciones continuas; estaba segura de que padecía de insuficiencia cardíaca. Estaba deprimida y en forma constante daba rienda suelta a su ira, impaciencia y hostilidad hacia su esposo e hijos. Los titulares del periódico la fastidiaban enormemente y le escribía cartas mordaces e injuriosas a su congresista. La envié a consultar a un cardiólogo quien no le diagnosticó ningún trastorno orgánico, sin embargo, indicó que tenía muchos conflictos emocionales y que estaba enfurecida con todo el mundo. Le señalé que la furia y tumulto emocional hacia su familia y hacia los demás se disolvería cuando empezara a seguir un patrón de oración y que al estar en armonía con la Presencia y el Poder Infinitos descubriría que estaría cubierta y saturada de orden, armonía, amor y tranquilidad, los cuales serían alcanzados durante su período de contemplación silenciosa de las cosas Divinas. También le indiqué que podía, entonces, esperar una respuesta automática de su mente más profunda para adquirir calma, serenidad y tranquilidad, además tendría un sentimiento de buena voluntad hacia todos. Le enfaticé que dejara de hablar, por completo, de sus dolencias y de sus preocupariones y ansiedades acerca del estado del mundo, puesto que con ello sólo magnificaría sus problemas interiores con el resultado de que su propio estado empeoraría, porque su mente siempre amplifica lo que tome en consideración.

Una técnica para adquirir tranquilidad y calma internas

Ella se concentró en los siguientes versos curativos de la Biblia, sabedora de que conforme lo hacía, estas verdades penetrarían en su subconsciente y la harían radiante, feliz, dichosa y libre. Estos son los versos que le proporcioné:

"Mira que te mando que te esfuerces y seas valiente; no temas ni desmayes, porque Jehová tu Dios estará contigo dondequiera que vayas" (Josué 1:9).

"Y sabemos que a los que aman a Dios, todas las cosas les ayudan a bien..." (Romanos 8:28).

"Echando toda vuestra ansiedad sobre El, porque El tiene cuidado de vosotros" (1 Pedro 5:7).

"Jehová es mi pastor; nada me faltará. En lugares de delicados pastos me hará descansar; junto a aguas de reposo me pastoreará. Aderezas mesa delante de mí en presencia de mis angustiadores; unges mi cabeza con aceite; mi copa está rebosando. Ciertamente el bien y la misericordia me seguirán todos los días de mi vida, y en la casa de Jehová moraré por largos días" (Salmos 23:1,2,5,6).

Enfocó su atención en este alimento espiritual, y rápidamente encontró la paz que supera el entendimiento.

COMO CONSERVAR LA MENTE SERENA

Durante mis conversaciones con muchos hombres de negocios y profesionistas de diferentes convicciones religiosas, ellos me han informado que en forma regular y periódica asisten a retiros de la iglesia, donde escuchan conferencias acerca de Dios, oraciones y el arte de la meditación y luego entran en un período de silencio. Después de meditar una mañana, se les pide que reflexionen sobre lo que escucharon y permanezcan en silencio durante varios días, aun a la hora de tomar los alimentos. Se les pide durante todo este tiempo que recapaciten calmada y tranquilamtnte sobre las instrucciones y meditaciones que se imparten todas las mañanas.

Todos han manifestado que regresan renovados, repuestos y reanimados espiritual y mentalmente. Después de retornar a sus oficinas, fábricas y vidas profesionales, continúan con períodos de silencio durante quince a veinte minutos todos los días por la mañana y por la noche, y han descubierto que lo que dice la Biblia es verdad: "Y *la paz de Dios, que sobrepasa todo entendimiento, guardará vuestros corazones y vuestros pensamientos . . .*" (Filipenses 4:7).

Los beneficios que se obtienen al recargar las baterías mentales y espirituales

Al haber recargado espiritualmente sus baterías mentales v espirituales, estos hombres son capaces de enfrentarse y resolver, con fe, valentía y confianza, los problemas, competencias, disgustos y disputas del día. Estos hombres saben donde pueden recibir poder espiritual renovado, poniéndose en armonía, en forma silenciosa, como dice Emerson, con el Infinito, el cual se encuentra extendido en risueño reposo. Cuando está en armonía con Dios, la energía, poder, inspiración, orientación y sabiduría salen del silencio y de la tranquilidad de la mente. Estos hombres aprendieron a relajarse y a renunciar su orgullo egoísta; han reconocido, honrado y llamado a la sabiduría y al poder que creó todo lo que es visible e invisible y que gobierna todas las cosas sin cesar, en forma eterna y para siempre. Han decidido seguir el camino de la sabiduría. *"Sus caminos son caminos deleitosos y todas sus veredas paz"* (Proverbios 3:17).

LA MENTE TRANQUILA SE ENCUENTRA A SU ALCANCE

Si ofrezco regalarle un libro, para poder recibirlo, usted tiene que esforzarse por tomarlo extendiendo su mano. De la misma manera, puesto que las riquezas de Dios se encuentran en su interior, usted debe esforzarse por reclamarlas. Dios es el donante y el don, usted lo recibe. Abra su mente y su corazón y permita que el río de paz de Dios entre; permita que llene su mente y su corazón, pues Dios es paz.

Reflexione sobre los siguientes versos del Salmo 8 y usted descubrirá que un río profundo de vida, amor, reposo y ecuanimidad se introducirá en las áreas áridas de su mente y le proporcionará tranquilidad a una alma inquieta:

"Cuando veo tus cielos, obra de tus dedos, la luna y las estrellas que tú formaste, digo: ¿Qué es el hombre, para que tengas de él memoria, y el hijo del hombre, para que lo visites? Le has hecho poco menor que los ángeles, y lo coronaste de gloria y de honra. Le hiciste señorear sobre las obras de tus manos; Todo lo pusiste debajo de sus pies" (Salmos 8:3,4,5,6).

Cuando medite sobre las verdades eternas contenidas en este Salmo y acerca de la inmesurable naturaleza del universo al que pertenecemos, la Mente Infinita y la Inteligencia Infinita, las cuales nos crearon, nos animan, nos apoyan y se mueven rítmica, armoniosa, incesante y constantemente y con precisión matemática, le proporcionarán fe, confianza, vitalidad y seguridad. Como dice el Salmista, comprenda que tiene dominio sobre sus pensamientos, sentimientos, acciones y reacciones en la vida. Esto lo llena de autoestimación y de un sentimiento de valor y poder que lo dotan de vitalidad para realizar su trabajo, vivir en forma dichosa y caminar sobre la tierra con la alabanza a Dios siempre en sus labios.

COMO PUEDE RECOBRAR LA CALMA CUANDO TIENE UN CONFLICTO INTERNO

Un día, en Beverly Hills, un señor me reconoció y me detuvo en la calle para informarme que estaba muy perturbado. Me preguntó: "¿Cree usted que pueda yo adquirir una mente tranquila? He estado luchando conmigo mismo durante más de dos meses."

Esta persona libraba un violento conflicto en su interior, se encontraba lleno de temores, dudas, odios e intolerancia religiosa. Estaba furioso porque su hija se había casado con un hombre de otra religión y manifestaba que lo odiaba. No le hablaba a su propio hijo porque éste se había alistado en las fuerzas armadas y él (el padre) pertenecía a una cruzada de paz; y para terminar, su esposa había solicitado el divorcio. No pude dedicarle mucho tiempo en la calle, sin embargo, le indiqué, en forma breve, que debía estar encantado de que su hija se hubiera casado con el hombre de sus sueños y que si ellos se amaban, debían casarse, puesto que el amor no sabe de creencias, razas, dogmas o color. El amor es Dios, y Dios es impersonal y no respeta a las personas. En lo referente a su hijo, le sugerí que le escribiera para informarle lo mucho que lo quiere y que orara por él. Le expliqué que debía respetar la decisión de su hijo y que no debía interferir con él más que para desearle todas las bendiciones de la vida. Además, le comenté que me dí cuenta, según su conversación, de que las discusiones y las peleas que había en su matrimonio se debían, con toda probabilidad, a un conflicto de su niñez con su madre, el cual nunca se resolvió y que él deseaba que su esposa fuera un substituto de su madre.

Le redacté estas verdades eternas en un papel para que las leyera y las digiriera: "Tú mandarás en paz perfecta a aquel cuya mente se mantiene en Tí, porque confía en Tí". Le recomendé que mantuviera su mente con confianza, fe y amor enfocado en Dios y entonces sentiría cómo el río de la vida, amor y quietud le llenaría el corazón. Agregué que cada vez que pensara en cualquier miembro de su familia debía decir: "La paz de Dios me llena el alma y la paz de Dios llena su alma".

Cómo se logró esta curación

Unos días después recibí una nota de este hombre, quien escribió: "La vida era un infierno para mí; no quería abrir los ojos por la mañana; tomaba fenobarbital todas las noches para poder dormir. No obstante, después de que me alejé de usted en la calle, me entregué a mí mismo y a mi familia a Dios y afirmaba en forma constante: 'Dios me mantendrá en paz perfecta, porque mi mente se mantiene de El'. Es increible la forma en que he cambiado; la vida está llena de dicha y de maravillas. Mi esposa canceló los procedimientos de divorcio y estamos juntos nuevamente; le escribí a mi hija y a mi yerno; me puse en contacto con mi hijo y existe paz, armonía y comprensión entre todos nosotros".

Todo lo que este hombre hizo fue alejar el odio y el resentimiento de su corazón. Al entregarse al río dorado de paz que se encuentra en su interior, éste respondió y todas las piezas se unieron en orden Divino.

COMO UNA "VICTIMA DE LAS CIRCUNSTANCIAS" DEJO DE SER VICTIMA

Durante el verano tuve el honor de dirigir un seminario cerca de Denver, Colorado. Mientras me encontraba ahí, entrevisté a un hombre que manifestó: "Estoy enjaulado, frustrado, infeliz y bloqueado en todas direcciones. Quiero vender mi rancho y alejarme, sin embargo, tengo la sensación de estar en la cárcel, encadenado".

Le contesté: "Bueno, si lo hipnotizo en este momento, usted pensaría ser lo que yo sugiero que es, porque su mente consciente, que razona, juzga y considera, estaría suspendida y su mente subconsciente, al no ser problemática, aceptaría cualquier sugerencia que se le diera. Si le dijera que usted es un guía indio y que tiene que perseguir a un criminal, usted procedería, furtivamente, a buscarlo en las montañas.

Si le señalara que está en la cárcel y que puede escapar, usted se sentiría prisionero y se vería en la cárcel rodeado de muros y de rejas de acero. Gracias a mi sugerencia, usted intentaría, en forma frenética, fugarse; trataría de brincar los muros; buscaría las llaves con el fin de huir; y realizaría todo tipo de esfuerzo para poder evadirse. Todo el tiempo usted se encuentra aquí en los campos abiertos de Colorado, tan libre como el viento. Todo esto se debe a la receptividad de su subconsciente a las sugerencias, las que ejecuta en forma fiel.

De la misma manera, usted ha sugerido a su mente subconsciente que usted no puede vender el rancho, que usted es un prisionero aquí, que no puede ir a Denver para hacer lo que quiere, que está endeudado, y que está bloqueado en todas direcciones. Su mente subconsciente no tiene otra alternativa más que aceptar las sugerencias que le hace, puesto que no tiene noción de nada a menos que usted le imprima algo. En realidad, usted se ha sugestionado e hipnotizado a sí mismo. Su cautiverio y sus restricciones son autoimpuestos y usted sufre y se encuentra en continuo conflicto mental gracias a sus opiniones y creeencias falsas".

Cómo aprendió a pensar en forma correcta

Le sugerí que siguiera las verdades eternas: "Transfórmate por medio de la renovación de tu mente. Arrepiéntete, pues el Reino de los Cielos está cerca". *Arrepentirse* significa volver a pensar, pensar desde el punto de vista de principios básicos y verdades eternas. Le indiqué que se pusiera de pie con audacia y afirmara su bien, pues como dijo Shakespeare: "Todas las cosas están listas si la mente lo está". Agregué que tenía que estar listo y debía tener su mente preparada para recibir su bien ahora, puesto que el reino de armonía, salud, paz, orientación, abundancia y seguridad está cerca, y sólo espera que acepte y aproveche su bien ahora.

La "prescripción" que lo rescató

"Mi mente se encuentra ahora absorta, interesada y fascinada por las verdades eternas y constantes de Dios, En este momento apaciguo mi mente y contemplo la gran verdad que Dios mora en mí y camina y habla en mí. Inmovilizo las ruedas de mi mente y sé que Dios mora en mí; 'estoy consciente de esto y lo creo'. 'Es el placer del Padre entregarme el reino'. 'Encomienda tu camino al Señor; también confía en El y hará que suceda'.

La Inteligencia Infinita atrae al comprador que quiere mi rancho, prospera en él, hay un intercambio Divino, y nos bendice a los dos. El comprador es adecuado y el precio es justo y las corrientes más profundas de mi mente subconsciente nos unen a los dos en orden Divino. Comprendo que 'Todas las cosas están listas si la mente lo está'. Cuando tenga pensamientos de preocupación, de inmediato, afirmaré: 'Pero de ninguna cosa hago caso'. Sé que estoy reacondicionando mi mente a la tranquilidad, relajación, ecuanimidad y serenidad. Me estoy construyendo un mundo nuevo de libertad, abundancia y seguridad."

Unas semanas después, me llamó por teléfono este ranchero para informarme que había vendido su rancho y ya estaba libre para dirigirse a Denver. Ya no era prisionero de su mente. Comentó: "Me dí cuenta de que me había encerrado a mí mismo en una prisión de carencias, limitaciones y restricciones debido a mis pensamientos negativos y que en realidad. estaba autohipnotizado".

Este hombre aprendió que sus pensamientos eran creativos y que toda esta frustración era causada por las sugerencias de otros, las que aceptaba, aunque las podía rechazar, y que los eventos, circunstancias y condiciones no eran inevitables; sugerían temores y limitaciones que él consentía en lugar de rechazarlos por completo, y comprendió que pensar en línea recta era la única causa y poder en este mundo. Su meditación reiterada le proporcionó poder para pensar en forma constructiva y comprobó su capacidad de elegir en forma inteligente entre los principios universales.

Cuando tenga ansiedades, preocupaciones y temores, mantenga su equilibrio interno y firme: "Elevaré mis ojos hacia las colinas de donde proviene mi fuerza" y dígase a sí mismo con firmeza: *"Pero de ninguna cosa hago caso"* (Hechos 20:24).

PUNTOS DE ESTE CAPITULO PARA RECORDAR

1. Si empieza a pensar en las mañanas, al mediodía y por las noches acerca de todas las calamidades del mundo, los crímenes, desastres, enfermedades y tragedias, usted caerá mentalmente en un miasma de pensamientos malsanos y como consecuencia, estará melancólico y deprimido. Comprenda que la ley y el orden Divinos gobiernan el mundo y usted se elevará y entrará al mundo de veneración por las cosas Divinas.
2. Refúgiese, mentalmente, en la tranquilidad de su mente y contemple las leyes y los principios rectos que se encuentran detrás de todas las cosas. Mantenga su mente en Dios y tendrá una mente serena y alcanzará todo lo que desea.
3. Rehuse describir sus síntomas, problemas y preocupaciones y se desvanecerán. Piense en forma grandiosa y póngase en armonía con Dios.
4. La furia, el conflicto emocional y la animosidad hacia otros se disolverán conforme practique usted el arte de la oración efectiva, que significa contem-

plar las verdades de Dios desde el punto de vista **más alto.**

5. Usted apaciguará las ruedas discordantes de su mente cuando se repita a sí mismo, lentamente, el Salmo 23. Luego reflexione, en forma calmada, durante quince o veinte minutos sobre el significado de estos versos. Usted se enfrentará con éxito al resto del día.
6. El Bien Cósmico es el donante y el don; usted recibe. Debe esforzarse en aceptar, mentalmente, el río de la paz de Dios y permitir que inunde su mente y su corazón. Dios es la paz y Su paz espera que la acepte, pues Dios es el ahora eterno. ¿Por qué esperar? Tómela AHORA.
7. El Salmo Ocho es un salmo maravilloso que debe introducir en forma gradual a su mente para tener equilibrio, confianza dignidad y veneración profunda por las cosas Divinas. Es una maravillosa prescripción espiritual para adquirir serenidad fructífera.
8. Cuando dos personas de diferentes creencias religiosas se aman, el amor trasciende todos los dogmas religiosos y ellos deben casarse.
9. Usted no es víctima de las circunstancias, condiciones, herencias o medio ambiente. Piense desde el punto de vista el principio, y la ley creativa de su mente responderá de acuerdo con la naturaleza de su pensamiento.

TRECE

COMO EMPLEAR EL PODER INFINITO PARA QUE LO ORIENTE EN TODOS SUS CAMINOS

Existe un principio de Orientación Divina que funciona en su interior y en todo el universo y al emplear la Inteligencia Infinita que se encuentra dentro de usted, puede atraer muchas experiencias maravillosas y muchos sucesos que están más allá de sus sueños más preciados. Este capítulo le revelará los principios de orientación en una variedad de maneras, con el fin de que usted pueda aplicarlos para atraer a su vida toda clase de bendiciones.

COMO UNA MUJER ATRAJO A SU COMPAÑERO IDEAL

Una joven secretaria que había cometido dos errores previos en el matrimonio me indicó: "No quiero cometer un tercer error; estoy consciente de que la causa por la que cometí los dos errores antériores se debió a que juzgué de acuerdo con la apariencia, y no sé cómo aplicar el principio de orientación en mi vida. Verifique si mi oración actual es correcta". Su oración era la siguiente:

"La Inteligencia Infinita que se encuentra en mi interior atrae hacia mí al esposo adecuado. El es armonioso, muy simpático, cordial y tiene una mente espiritual. Yo contribuyo a su dicha y felicidad y existe armonía, paz y comprensión entre nosotros. Creo en forma definitiva que la Inteligencia Infinita responde a mi pensamiento y sé que Esta no comete errores. Espero y, definitiva y positivamente, creo que conoceré a mi compañero ideal. Comprendo que el principio se encuentra funcionando en este momento y camino sobre la tierra con el conocimiento de que es así."

La felicité por su oración escrita y la inteligencia y la sabiduría mostradas en la aplicación del poder que se encuentra en su interior. El principio de Orientación Divina funcionó para ella, y atrajo a un hombre interesante, agradable y maravilloso. Posteriormente, tuve el honor de celebrar su ceremonia de matrimonio.

COMO FUNCIONA LA ORIENTACION DIVINA PARA OTROS

Usted puede emplear el Poder Infinito para orientar a otra persona, ya sea un desconocido, un pariente o un amigo íntimo. Lo puede lograr si sabe que el Poder Infinito de Orientación responde a su mente y si cree en esta respuesta Infinita. He realizado esto para muchas personas con resultados extraordinarios y fascinantes.

Por ejemplo, un joven ingeniero me telefoneó un día y me informó: "La organización donde trabajo se está fusionando con una compañía más grande y me avisaron que no me necesitan en esta nueva asociación. ¿Podría rezar pidiendo Orientación Divina para mí?" Le indiqué que existía un Principio Infinito de Orientación, el cual le revelaría una nueva forma de expresión, y que todo lo que tenía que hacer era creer que esto es así, de la misma manera en que creía en la Ley de Boyle en la ciencia.

Utilicé el principio de la siguiente manera: Imaginé que el ingeniero me decía: "Encontré un puesto maravilloso con muy buen salario; me 'cayó del cielo' ". Realicé esto durante aproximadamente tres o cuatro minutos después de colgar el teléfono y luego lo olvidé. Esperaba una respuesta y tenía confianza en que llegaría.

Al día siguiente me llamó y confirmó el hecho de que había aceptado una buena oferta en otra compañía de ingeniería. Comentó que la oferta le había "¡Caído del cielo!"

Existe únicamente una Mente, y lo que me imaginé en forma subjetiva, y sentí como verdad, sucedió en la experiencia del ingeniero. Cuando usted llama al Principio Infinito de Orientación, éste siempre le responde; lo que usted piensa que sucederá, con toda seguridad acontecerá.

COMO RECIBIR UNA ORIENTACION PERSONAL PARA TENER UN LUGAR SEGURO

Usted desarrolla confianza y fe en la Fuerza Infinita de Orientación al saber que Dios es Vida Infinita y que usted es vida eterna en manifestación. Al Principio de la Vida le interesa buscar la expresión por medio de usted. Usted es único y completamente diferente; piensa, habla y actúa de distinta manera; no existe nadie en el mundo como usted. El Principio de la Vida nunca se repite. Comprenda, sepa y crea que usted tiene talentos y habilidades especiales y únicos. Usted puede realizar algo de cierta manera y nadie más en el mundo lo puede hacer, porque usted es usted. Usted está aquí para expresarse por completo y hacer lo que le gusta, por lo tanto, cumple con su destino en la vida. Usted es importante, es un órgano o expresión de Dios. Dios lo necesita donde está; de otra manera usted no estaría aquí. La Presencia de Dios mora en usted. Todos los poderes, atributos y cualidades de Dios se encuentran en su interior. Usted tiene fe, imaginación y poder de elegir y pensar. Usted moldea, forma y crea su propio destino por su manera de pensar.

COMO SALVO UNA VIDA EL PRINCIPIO DE ORIENTACION

El finado Dr. Harry Gaze, autor del "Zorro Hormiga", "El hombre y su Trabajo", creía en el Principio de la Orientación en todas sus empresas. En una ocasión, estaba por emprender un viaje y una voz interna le aconsejó que no lo realizara; siguió su impulso intuitivo y pidió que bajaran su equipaje que ya se encontraba a bordo y de esta manera salvó su vida, pues todos los pasajeros de ese avión en particular se perdieron.

Su pasaje predilecto de la Biblia era: *"Pues a sus ánge-*

les mandará acerca de ti, que te guarden en todos tus caminos. En las manos te llevarán, para que tu pie no tropiece en piedra" (Salmos 91:11,12).

LA ACCION CORRECTA LLEGA PARA USTED POR MEDIO DE LA ORIENTACION

La Orientación Divina llega cuando sus motivos son correctos, y cuando su deseo real interior es hacer lo que es justo. Cuando su pensamiento es correcto, es decir, cuando concuerda con la Regla de Oro y la ley de buena voluntad hacia todos, un sentimiento de paz interior y tranquilidad surge en usted. Este sentimiento interior de serenidad, balance, y ecuanimidad lo obliga a llevar a cabo lo que es correcto en todas las fases de su vida. Si usted les desea a los demás, con sinceridad, lo que se desea a sí mismo, entonces está practicando amor, lo que es la realización de la ley de la salud, felicidad y paz mental.

Cómo puede ser guiado en forma automática

Un constructor, amigo mío, siempre está ocupado y no puede manejar, en forma adecuada, todas sus llamadas de negocios. Me señaló: "Me dicen que el negocio de la construcción no está muy bien, sin embargo, yo estoy muy ocupado". Agregó que había cometido muchos errores con anterioridad y que había perdido dos pequeñas fortunas en malos negocios, pero que hace seis años se puso a estudiar *"El Poder de su Mente Subconsciente"*[1], y de inmediato empezó a aplicar los principios que se explicaban en el libro. Me mostró su oración diaria mecanografiada pulcramente en una tarjeta, que lleva consigo todo el tiempo. Y dice lo siguiente: "Me perdono por todos los errores que he cometido con anterioridad; no culpo a nadie. Todos mis errores fueron escalones para avanzar hacia el éxito, prosperidad y ascensos. Creo en Dios en forma implícita y sé que siempre me orienta y que lo que emprenda será co-

[1] Joseph Murphy, El Poder de Su Mente Subconsciente (Englewood Cliffs, N. J.: Prentice-Hall, Inc., 1963).

rrecto. Avanzo con confianza y sin temor; doy lo mejor que tengo a mi trabajo. Siento, afirmo, creo, y sé que me elevo, y que me guían, dirigen, sostienen, protegen y hacen prosperar en todos mis caminos. Hago lo que es correcto, pienso los pensamientos correctos y estoy consciente de que existe una Inteligencia Infinita en mi mente subconsciente que me responde. A mis clientes les doy lo mejor. Me guían para dar el precio correcto, y me inspiran para saber qué hay que hacer y lo hago. Atraigo a los hombres adecuados, quienes trabajan conmigo en forma armoniosa. Comprendo que estos pensamientos se hunden en mi mente subconsciente y forman un patrón subjetivo, y creo que obtendré una respuesta automática de mi mente subconsciente de acuerdo con mi forma de pensar habitual".

Esta es la oración diaria del constructor, y es guiado automáticamente hacia todo lo que es bueno. Me comentó que todo lo que emprende parece tener el toque de Midas; el Toque de Oro para prosperar. No ha tenido errores, pérdidas o disputas laborales en más de seis años. En realidad, es guiado en forma automática y usted también puede serlo.

Recuerde, su mente subconsciente le responde a la naturaleza del pensamiento e imaginación de su mente consciente.

COMO LA ORIENTACION DIVINA REVELO TALENTOS VERDADEROS

Un joven quien había fracasado en el campo de la música, en el teatro como actor y también en los negocios, me manifestó: "He fracasado en todo". Le sugerí que la respuesta a su problema se encontraba en su interior y que él podía descubrir su expresión verdadera en la vida. Le expliqué que cuando hiciera lo que más le gusta, sería feliz, y tendría éxito y prosperidad.

Le aconsejé que orara de la siguiente manera: "Tengo el poder de ascender en la vida. He tomado ahora la clara decisión de que nací para tener éxito y llevar una vida triunfante y constructiva. He llegado a la convicción interior de que el camino real hacia el éxito es mío ahora. La Inteligencia Infinita que se encuentra en mi interior me revela mis talentos escondidos, y sigo la dirección que llega a mi mente consciente y que razona. La reconozco en forma clara; el éxito me pertenece ahora; la riqueza es mía. Estoy haciendo lo que me encanta realizar y le sirvo a la humanidad de manera maravillosa. Creo en el Principio de Orientación, y sé que la respuesta llega, pues lo que creo que sucederá, acontecerá".

Después de algunas semanas, este joven tuvo un deseo intenso de estudiar para ser ministro en los términos de la Ciencia de la Mente. En la actualidad tiene mucho éxito como maestro, ministro, y consejero y es muy feliz. Descubrió un Principio Infinito de Orientación que sabía de sus talentos internos y que se los reveló de acuerdo con su creencia.

COMO UNA MUJER DE OCHENTA AÑOS DE EDAD DESCUBRIO UNA FORTUNA EN LA MENTE

Tuve una conversación muy interesante con una mujer que tiene más de ochenta años de edad y que es alerta, mentalmente viva, está iluminada, inspirada y estimulada por el Espíritu Divino, el cual anima todo su ser. Me informó que durante varias semanas, antes de dormir. le había pedido a su Ser Más Alto: "Mi Ser Más Alto me revela una nueva idea, la que está completa en mi mente y que puedo visualizar con mucha facilidad. Esta idea bendice a toda la gente". Tuvo el modelo de un nuevo invento completo en su mente. Ella, a su vez, le proporcionó el dibujo a su hijo, quien es ingeniero, y él lo sometió a un abogado de patentes, quien lo patentó. Una organización le ofreció $50,000 dólares, más un porcentaje de las ventas por su patente.

Ella creía que la Inteligencia Suprema que se encuentra en su interior, el Principio Infinito de Orientación, le respondería, y que la idea estaría completa, incluyendo todas las mejoras posibles que fueran necesarias. Su oración fue contestada de la manera que ella esperaba, que había visualizado y planeado.

Sin tomar en cuenta su profesión, negocio, oficio u ocupación usted tiene el poder de inmovilizar su mente y pedirle a la Inteligencia Infinita de su subconsciente que le revele una nueva idea que lo bendecirá a usted y al mundo. Usted puede creer firmemente que usted tendrá una respuesta. *"Y antes que clamen, responderé yo; mientras aún hablan, yo habré oído"* (Isaías 65:24). La respuesta de todo ya se encuentra en su interior. Estaba ahí desde la fundación del tiempo. Dios mora en usted y Dios sabe la respuesta.

COMO EL PRINCIPIO DE ORIENTACION ATRAE LO QUE USTED BUSCA

Una amiga mía me escribió de Irlanda diciendo que una granja que pertenecía a un tío había sido dejado en herencia a su hermano, quien se había ido a Norteamérica en 1922, y de quien nunca habían tenido noticias. Me preguntó si era posible encontrarlo para escribirle. Habían empleado a un abogado en Irlanda, pero éste no pudo descubrir nada y no había recibido ninguna pista. Mi amiga ni siquiera tenía un retrato de su hermano.

Me senté una noche, calmé mi mente, y leí el Salmo 23, el cual es el Salmo más maravilloso para descansar, reposar y tener quietud. En este Salmo nos cuentan que David reveló que el Señor lo siguió y lo llevó a apacentamientos verdes y aguas claras, lo que significa que el Principio Infinito de Orientación revela las respuestas al hombre y lo guía hacia situaciones tranquilas, felices y dichosas. David creía en este Principio de Orientación y Este respondió a su creencia. El Señor al que se refería es la Inteligencia Creativa que mora en la mente subconsciente[2] la que lo creó y lo sostiene a uno.

Al meditar sobre la sabiduría de este Salmo, una noche reflexioné de la siguiente manera: "El Principio Infinito de

[2] Joseph Murphy, El Poder de Su Mente Subconsciente (Englewood Cliffs, N. J.: Prentice-Hall, Inc., 1963).

Orientación que guía a los planetas en su curso y es la causa por la que brilla el sol y gobierna todo el cosmos es el mismo Principio de Orientación que se encuentra en mi interior. Todo lo sabe y todo lo ve. La Inteligencia Suprema sabe donde se encuentra este hombre y revela la respuesta; él se comunica con su hermana inmediatamente; existe una sola mente y no hay separación en el Principio de la Mente. Además, en la mente no existe el tiempo ni el espacio. Decreto ahora, que su paradero se conozca de inmediato y que su hermana y su abogado en Irlanda lo sepan. La Inteligencia Infinita que se encuentra en mi interior sabe cómo llevar esto a cabo y lo realiza a su propia manera. Creo en esto, y agradezco que se haga ahora".

La manera en la que funcionó el Principio de Orientación es de lo más revelador y alentador. Habían transcurrido unas semanas, cuando recibí por correo una carta de mi amiga de Irlanda, en la que escribía que su hermano le había enviado un cablegrama para informarle que estaba en camino pues iba de visita. Esta era la primera vez que tenía noticias de él desde abril de 1922, un lapso de cuarenta y seis años. Esto no fue coincidencia ni pura casualidad. Este es un universo de ley y orden; nada sucede por casualidad. Como dice Emerson: "Todo es empujado desde atrás". Existe una ley de causa y efecto la cual es cósmica y universal. Mi pensamiento entró en la mente subconsciente universal, en la que todos vivimos, nos movemos y tenemos nuestro ser, y la que impregna todo el cosmos. Este fue recogido por el hermano perdido, y el Principio de Orientación de la Vida lo obligó a comunicarse inmediatamente con su hermana. El respondió en forma instantánea al deseo psíquico y le envió un telegrama y consiguió pasaje aéreo para dirigirse a Irlanda. Al llegar a su antiguo hogar, descubrió que los impulsos y los susurros de su mente más profunda resultaron ser una bendición, puesto que no sólo había heredado una granja maravillosa sino también una hermosa casa.

Usted no puede determinar cómo le llegará la respuesta a su oración. La Biblia dice: "*Como son más altos los cielos que la tierra, así son mis caminos más altos que vuestros caminos, y mis pensamientos más que vuestros pensamientos*" (Isaías 55:9).

PUNTOS DE ESTE CAPITULO PARA RECORDAR

1. Usted puede aprender de sus errores. Comprenda que son escalones para progresar. Existe un Principio Cósmico de Orientación que responde a su creencia en El.
2. Usted puede utilizar el Principio de Orientación para guiar y dirigir a otra persona si comprende que existe únicamente una mente, y que la misma Inteligencia Infinita que guía a los planetas en su curso guiará, dirigirá y le revelará la contestación correcta a la otra persona. Su creencia le será comunicada en forma instantánea a la persona por la que usted está orando, y él o ella experimentará la dicha de una oración contestada. Lo que usted cree que sucederá, de seguro acontecerá.
3. Usted puede descubrir sus talentos escondidos y su expresión verdadera en la vida al llamar al Principio de Orientación que se encuentra en su interior y al afirmar con convicción: "La Inteligencia Infinita me revela mis talentos escondidos y abre el camino perfecto para poder expresar mis talentos de la mejor manera. Sigo la dirección que le llega a mi mente consciente y que razona".
4. El Principio de Orientación lo puede proteger de males y advertirle de peligros inminentes. El finado Dr. Harry Gaze, reflexionaba, en forma regular, sobre dos versos del Salmo 91 (versos 11 y 12), y tuvo protección Divina, la cual salvó su vida.
5. La acción correcta Divina le llega cuando sus motivos son justos y cuando usted desea hacer lo que es correcto, conforme a la Regla de Oro y la ley de amor.
6. Muchas personas experimentan orientación automática porque han convencido a sus mentes subconscientes que confían en que siempre serán guiados

a hacer lo que es correcto, y sus mentes subconscientes responden en consecuencia. Sienta, crea, afirme y sepa que usted siempre es guiado, dirigido, sostenido y bendecido. Conforme continúe usted reiterando estas verdades, será guiado automáticamente.

7. Tome una decisión clara de que usted nació para tener éxito y para llevar una vida triunfante y constructiva. Afirme y crea que el camino real hacia el éxito es de usted ahora, y el Principio Cósmico de Orientación lo guiará hacia la victoria, triunfo y éxito fenomenal.
8. Usted puede descubrir que hay una fortuna en su mente. Llame a la Inteligencia Infinita que se encuentra en su interior para que le revele una nueva idea creativa que bendecirá a toda la humanidad. Afirme que la idea está completa en su mente y que usted la visualiza en forma clara. La respuesta llegará; todo lo que debe hacer es creer. Según su creencia, así sucederá.
9. Si usted está buscando a un amigo o a un pariente del que no ha tenido noticias, y no sabe dónde se encuentra la persona, esté consciente de que la Inteligencia Cósmica todo lo sabe y todo lo ve. Afirme con audacia, y sepa y crea que llegará la respuesta: "La Inteligencia Cósmica sabe donde se encuentra John y revela su paradero en orden Divino. Lanzo esto al océano de mi mente subjetiva, y ésta revela la respuesta a su manera". Conforme usted medite, usted experimentará la dicha de la oración contestada. "*Reconócelo en todos tus caminos, y él enderezará tus veredas*" (Proverbios 3:6).

CATORCE

COMO UTILIZAR EL PODER INFINITO PARA CURAR

El Poder Cósmico de Curación que creó su cuerpo también sabe cómo curarlo. Existe una Presencia Infinita de Curación en su interior que tiene conocimiento de todos los procesos y funciones de su cuerpo. Cuando usted se pone "en armonía" con este Poder Infinito. Se vuelve activo y potente en su vida. La Biblia dice: *"Porque yo soy Jehová tu sanador"* (Exodo 15:26).

Es su derecho Divino de nacimiento tener salud, ser vital y fuerte y dinámico. Este capítulo le señalará en forma vívida qué procedimientos y pasos puede seguir para inducir y experimentar salud radiante. Sugiero que empiece a practicar los métodos y técnicas delineados en este capítulo porque de esta manera usted encontrará el camino hacia la salud, armonía y serenidad.

LA BUENA SALUD SE ASEGURA POR MEDIO DE PENSAMIENTOS CONSTRUCTIVOS

El Libro de Proverbios dice: *"Porque cual es su pensamiento en su corazón, tal es él"* (Proverbios 23:7). Corazón significa su mente subconsciente. Los pensamientos, opiniones, y creencias implantados en su mente subconsciente se manifiestan en su cuerpo, su negocio, y en todos sus asuntos. Usted controla su salud, en gran parte, por la forma en que piensa durante el día. Si guía su mente hacia pensamientos de integridad. belleza, perfección y vitalidad, usted experimenta una sensación de bienestar. Si usted medita sobre pensamientos de preocupación, temor, odio, celos, depresión y pesar, usted experimentará enfermedad de la mente, cuerpo y asuntos. Usted es lo que piensa durante todo el día.

COMO PUEDE SER LIBERADO EL PODER INFINITO PARA CURAR

Envié a una joven que sufría de un dolor de garganta crónico y padecía fiebre persistente a consultar a un médico, amigo mío. El le diagnosticó una "inflamación séptica" de la garganta y le recetó antibióticos y una solución para hacer gárgaras; sin embargo, ella no reaccionó a los antibióticos y a los medicamentos para la fiebre. El doctor no comprendía la razón por la cual ella no mejoraba con el tratamiento. Le pedí que volviera a verme y le pregunté si me ocultaba algo; pues si ése era el caso, que lo discutiera conmigo y era probable que siguiera una curación.

Dijo abruptamente: "Odio a mi madre y odio el lugar donde vivo; ella es dominante y exigente, quiere controlar mi vida obligándome a casarme con un hombre que, según ella. es adecuado para mí".

Este estado emocional de resentimiento, además del sentimiento de culpabilidad que tenía por odiar a su madre eran la causa de su mal de la garganta, el cual se presentaba acompañado de fiebre. Le expliqué que su estado ambivalente de odio y amor en el que decía primero que amaba a su madre y luego que la odiaba era, sin duda alguna, la causa de su enfermedad. Ella no deseaba casarse con el hombre, por lo que su mente subconsciente se adaptaba, dando como resultado la inflamación e infección de su garganta. En realidad, su subconsciente le señalaba a su mente consciente: "No te puedes casar con él mientras estés enferma". Era la forma en que su cuerpo estaba de acuerdo con su deseo subconsciente.

Cómo se restaleció su salud

Le recomendé que le informara a su madre definitiva y positivamente que no se casaría con ese hombre, puesto que no lo amaba. Tuve la oportunidad de hablar con su madre y le indiqué que de ninguna manera era correcto que ella insistiera que su hija se casara con alguien a quien no amaba, y que cualquier matrimonio que no fuera por amor era una hipocresía, una farsa y un engaño.

Su madre, en forma sabia, estuvo de acuerdo y le dijo a su hija que podía casarse con quien ella quisiera y que ya no le señalaría qué hacer, y que era tan libre como el viento.

Un milagro demostrado de curación

Esta joven tuvo una plática franca con su madre, y ambas entraron al espíritu de perdón, amor y buena voluntad hacia la otra. En ese momento hubo una curación perfecta, y desde entonces, no ha tenido problemas físicos.

COMO LIBERAR UN NUEVO PODER DE CURACION

Recientemente, platiqué con un joven banquero quien parecía estar muy nervioso, agitado y, en apariencia, enfermo en cuerpo y alma. El comentó: "Tengo el microbio asiático; la 'gripe' me está acabando". Le redacté una prescripción mental y espiritual y le enfaticé que por medio de la repetición, creencia y esperanza las ideas de salud, integridad y fuerza penetrarían en su mente subconsciente y obtendría resultados maravillosos.

Una prescripción metafísica para la salud

A continuación se encuentra mi prescripción: "Soy fuerte, poderoso, cariñoso, armonioso, vital, dinámico, dichoso y feliz". Repetía esta afirmación durante aproximadamente cinco minutos tres o cuatro veces al día, pues sabía que lo que él agregaba a "yo soy" era en lo que se convertiría. Al final de alrededor de una semana, me telefoneó para informarme: "La medicina espiritual que me recetó funcionó como un milagro. A partir de hoy aseguraré que lo que agregue a "yo soy" será Divino y bien personificado". Esperaba resultados y creía en la respuesta de su subconsciente.

EL PODER INFINITO DE CURACION DE SU MENTE SUBCONSCIENTE

Una madre trajo a su hijo de diez años a consultarme. Este muchacho padecía de un caso serio de asma. La madre indicó que cuando el muchacho se iba a vivir con sus abuelos a San Francisco durante el verano, estaba libre de ataques, pero cuando regresaba a su casa sufría, en forma invariable, de una recaída y tenía que reanudar el tratamiento de su médico, el cual le ayudaba a aliviar su aflicción.

Al platicar con el muchacho a solas, me enteré de que su padre y su madre siempre discutían, y que él temía perder a los dos y que ya no tendría hogar. Este muchacho era completamente normal; el problema se encontraba en las disputas y los problemas en su casa. Cuando hablé con su madre, me dí cuenta de que ella sentía mucha hostilidad y furor reprimido hacia su esposo. Ella admitió que en algunas ocasiones le arrojaba trastes a su marido y que él la había golpeado dos veces. El muchacho se encontraba entre este ataque cruzado emocional y en consecuencia sufría de temores y de un sentimiento profundo de inseguridad.

El funcionamiento milagroso del poder infinito de curación

Logré reunir al padre y a la madre y les expliqué cómo sufren los niños cuando existe en el hogar un clima mental y emocional. Comenté que, sin duda alguna, ambos querían al muchacho; y les señalé que puesto que lo habían traído al mundo, tenían la obligación moral y espiritual de que hubiera paz, amor y armonía en el hogar; además, debían transmitirle al muchacho que lo amaban, querían y apreciaban. Les expliqué que el muchacho deseaba sentirse seguro; y que yo pensaba que cuando el amor y la armonía se restablecieran entre el padre y la madre, el estado asmático desaparecería. Su asma era un síntoma de temor y ansiedad.

La oración del padre y de la madre para curar a su hijo

Al padre y a la madre del muchacho les redacté una oración y les recomendé que oraran, en forma alterna, por la noche y por la mañana y que conforme oraban uno por el otro y por su hijo, todo el odio y la animosidad reprimidos se disolverían por medio del amor Divino. Esta es la oración: "Ambos nos reunimos y sabemos que Dios existe y que Su Poder Infinito de Curación fluye en cada uno de nosotros. Irradiamos amor, paz y buena voluntad hacia el otro; vemos la presencia de Dios en el otro y nos hablamos amable, amorosa y armoniosamente. Elevamos al otro en forma mental y espiritual por medio de la comprensión, la luz, el amor y la dicha de Dios, los cuales son expresados por cada uno de nosotros, cada vez más, cada día. Saludamos a la Divinidad que se encuentra en el otro, y nuestro matrimonio tiene más bendiciones y se vuelve cada vez más hermoso. Nuestro hijo es receptivo y comprende nuestros pensamientos de amor; vive, se mueve y tiene su ser en Dios; respira la respiración pura del Espíritu y sus bronquios, pulmones y todo su sistema respiratorio se encuentran impregnados y saturados por el Poder Infinito de Curación de su mente subconsciente, el cual vitaliza y armoniza y de esa manera respira en forma libre, fácil y perfecta". Repitieron su oración tres o cuatro veces por la mañana y por la noche, el esposo en la mañana y la esposa en la noche.

La oración de curación del muchacho

Esta es la oración que rezaba el muchacho todas las noches: "Amo a mi padre y a mi madre; Dios los ama y los cuida; son felices juntos, aspiro la paz de Dios y aspiro el amor de Dios; duermo en paz y despierto dichoso".

El padre y la madre oraban en voz alta en forma regular y creían en el poder milagroso de su mente subconsciente. Al final de alrededor de dos semanas, notaron que el muchacho ya estaba completamente libre de los ataques asmáticos y dejaron de administrarle medicina. El muchacho me contó que tuvo un sueño la séptima noche después de que empezó a orar en el cual apareció ante él un hombre con barba y le dijo: "Hijo, ya estás bien". Se despertó y les relató a su padre y a su madre lo que había sucedido y manifestó: "Sé que estoy curado".

Mi análisis y comentario

Creo que cuando los padres empezaron a orar juntos y por el otro, así como por su hijo, las vibraciones curativas de paz, armonía, y amor impresionaron la mente receptiva del muchacho, reviviendo la integridad, armonía y perfección que ya residían en su mente subconsciente. Tenían fe en el Poder Infinito de Curación de su mente subconsciente, creían en lo que estaban haciendo, y sabían por qué lo estaban haciendo. Además, la fe y la confianza del muchacho en el poder curativo de Dios y con amor hacia sus padres, su mente subconsciente dramatizó la curación que realizó en un sueño vívido. La Biblia dice: *"Yo, Jehová, le apareceré en visión, en sueños hablaré con él"* (Números 12:6).

EL MILAGRO DE ACTITUDES NUEVAS CAMBIA VIDAS

A finales del Siglo XIX William James, conocido como el padre de la psicología norteamericana comentó: "El descubrimiento más grande en mi generación es que los seres humanos pueden alterar sus vidas alterando las actitudes de su mente". Esto significa que usted puede tener más salud, vitalidad, ánimo, y vigor si usted alimenta su mente con patrones vigorizantes de armonía, dicha, fuerza, poder, energía, entusiasmo y triunfo.

Cómo una actitud nueva curó una dolencia desconcertante

Hace algunas semanas pronuncié un discurso ante aproximadamente 1500 personas que estaban reunidas en el salón de baile del Hotel Frontier en Las Vegas, Nevada. Diserté sobre "Cómo Desarrollar la Conciencia Curativa". Después de la conferencia, un doctor joven me relató una experiencia muy interesante y alentadora. Me contó que una noche lo llamaron a una casa donde los padres de una niña enferma no creían en enfermedades o dolencias ni en doctores de escuela alguna. El padre le dijo: "Mi hija está llena de miedo y teme que morirá". El doctor examinó a la muchacha y le informó que tenía 40 grados de calentura, pero que sanaría; que no estaba radicalmente enferma y no corría el peligro de morir.

Le pidió que orara con ella y como él era muy religioso, así lo hizo recitando el Salmo 23 con ella. Ella no quería tomar medicinas porque era contrario a su creencia religiosa. Me manifestó que él creía que ella sanaría, y se la imaginó con salud perfecta. Un mes después, el hermano de la muchacha, que se había alejado de las creencias religiosas de sus padres y hermana y quien se había convertido por derecho propio en un doctor y cirujano de renombre, visitó al médico para informarse de la terapia que le había recetado a su hermana, pues ella había sufrido de ataques epilépticos serios dos o tres veces cada semana y, en la actualidad, ya no tenía estos síntomas y ataques. Manifestó que había tratado, sin éxito, de administrarle medicamentos para la epilepsia durante varios años. El joven doctor le informó al hermano de la paciente que él no había empleado ninguna terapia, aparte de señalarle que ella sanaría, que no existía peligro de muerte y que se recuperaría.

Ambos quedaron pasmados y asombrados durante algunos momentos. El hermano de la paciente rompió el silencio para decir: "Todo lo que sé es que usted le dio una transfusión de fe en el poder curativo de Dios y su sugerencia positiva se encaminó hacia su mente subconsciente, la cual la curó".

Este joven doctor me comentó: "Si hubiera sabido que tenía epilepsia, no hubiera sido tan positivo y no hubiera tenido tanta confianza en mi enfoque. Ahora puedo ver que mi imagen de salud perfecta y confianza completa en su recuperación se comunicaron a su mente subconsciente y que mi actitud junto con la nueva actitud de ella cambiaron todo y resultaron en una curación perfecta.

Prosiguió: "Ha transcurrido un año y no ha tenido un solo ataque; se casó y maneja su propio automóvil" ¡Las actitudes nuevas pueden mejorar todo!

La Biblia dice: *"Hija, tu fe te ha salvado; ve en paz"* (San Lucas 8:48).

PUNTOS DE ESTE CAPITULO PARA RECORDAR

1. La Inteligencia Cósmica creó su cuerpo, conoce todos sus procesos y funciones, y sabe cómo curarlo.
2. Su salud es lo que usted piensa durante todo el día. Reflexione sobre pensamientos de salud, integridad, poder, fuerza y armonía. Mantenga su mente ocupada con estos pensamientos y su cuerpo reflejará sus pensamientos habituales.
3. Las emociones negativas pueden ser la causa de muchas enfermedades. Las emociones destructivas se enmarañan en su mente subconsciente, y, por ser negativas, deben tener una salida negativa en la forma de diversos malos funcionamientos orgánicos.
4. Cuando usted toma una decisión clara, el conflicto mental se disuelve. Cuando usted no permite que otros lo dominen y decide controlar su propia vida y tomar todas sus decisiones y entrar al espíritu de perdón a otros, su enfermedad en particular, ya sea mental o de otra índole puede desaparecer.
5. Lo que usted agregue a "yo soy" es en lo que se convertirá. Para tener salud radiante, afirme con frecuencia: "Soy fuerte, poderoso, radiante, feliz, dichoso y vital". Convierta esto en hábito y experimentará resultados maravillosos.

6. La atmósfera mental y emocional del hogar afecta la salud y la disposición de los hijos. Los niños crecen en la imagen y similitud del clima mental dominante de los padres. Los padres deben alabar a Dios que se encuentra en el interior de cada uno e irradiar amor, paz y bienestar hacia el otro. Conforme oran juntos para tener armonía, salud, y paz y conforme rodean a sus hijos con luz, amor, verdad y belleza, la atmósfera radiante, pacífica del hogar los conducirá a la salud, felicidad y serenidad.
7. Los conflictos emocionales, discusiones y argumentos entre los padres a veces pueden causar asma en los niños pequeños. Estos conflictos surgen, por lo general, como un temor, o ansiedad en el chiquillo, resultando, muy a menudo, en ataques asmáticos, además de otras dolencias.
8. Una oración maravillosa para el asma es: "Aspiro la paz de Dios y espiro el amor de Dios". Repita con frecuencia, con mucho sentimiento y crea en el poder curativo de Dios.
9. En algunas ocasiones, el subconsciente le puede revelar por medio de un sueño vívido que ya está curado. Al mismo tiempo, usted siente en forma subjetiva, por un conocimiento interno, que usted ha sanado.
10. Su nueva actitud para una vida y salud perfectas será transmitida a una persona enferma para producir una renovación de la vitalidad e integridad en la mente subconsciente del paciente.
11. Cambie su actitud y cambiará su vida. ¡Las actitudes nuevas pueden cambiar todo! Se le hará como usted cree.

QUINCE

EL PODER INFINITO DE AMOR Y SU GUIA MATRIMONIAL INVISIBLE

Dios es la Vida, y a la Vida le gusta manifestarse por medio de cada uno de nosotros como armonía, salud, paz, dicha, abundancia, belleza y acción correcta, o, en otras palabras, una vida más abundante. Existe algo en todos nosotros que nos recuerda nuestro origen y nos regresa a la Fuente. Tenemos como misión y como propósito agrandar esta memoria con el fin de convertirla de chispa en llama, y sentir y experimentar nuestra unidad con Dios, Fuente de toda la Vida. En usted existen mucha hambre y mucha sed de unirse con la Fuente Infinita de la Vida.

Cuando usted nació lloraba porque quería alimento. Conforme fue creciendo, descubrió que no estaba satisfecho si no recibía, además, alimento espiritual, como inspiración, orientación sabiduría y fuerza de la Fuente Infinita de todas las bendiciones. El Principio Infinito de la Vida busca su expresión por medio de su deseo de sentirse mental y espiritualmente unido con la Fuente de todas las bendiciones y todo el poder.

Ame sus imágenes mentales

Sus patrones e imágenes mentales se manifiestan por medio de su naturaleza de amor, esto es por su vínculo emocional. Cualquier idea o deseo que usted trata en forma emocional y siente que es real se hace subjetivo y se manifiesta en su mundo. Delineese un anteproyecto hoy, a medida que lea este capítulo, préstele atención y dedíquele tiempo, adhiérase a éste en forma regular y sistemática, y al final dicho anteproyecto se volverá emocional y surgirá en su experiencia. Usted se convierte en lo que usted ama.

En intervalos frecuentes durante el día, imagine, mentalmente lo que usted desea ser, hacer y tener; realícelo con amor y sentimiento pero en forma persistente; no se obligue ni se fuerce; sin embargo, mande su imagen mental, con emoción y confianza, a su mente subconsciente y crea y tenga fe en que su subconsciente responderá a su impresión mental.

COMO UNA MUJER ATRAJO AMOR VERDADERO A SU VIDA

Recientemente, una joven me preguntó: "¿Qué pasa conmigo? Sé que tengo buena educación, soy ejecutiva en los negocios, tengo buena conversación y muchas personas dicen que soy atractiva; sin embargo, sólo atraigo a hombres casados y a alcohólicos y los demás me hacen proposiciones dudosas".

Por qué se rechazaba a sí misma

Su caso es típico de una gran cantidad de mujeres que son encantadoras, vivaces, amables y tienen un carácter excelente, sin embargo, se menosprecian. Ella tuvo un padre cruel, déspota y tirano, quien nunca le brindó amor o atención. Era puritano y no le permitía jugar los domingos, además la obligaba a asistir a la iglesia todos los domingos, tres veces. También peleaba, en forma violenta, con su madre. Ella se sentía rechazada por su padre, quien nunca mostraba interés por su labor escolar o por su bienestar general.

Ella lo odiaba subconscientemente y se sentía culpable, lo que dio como resultado un temor en su mente de que ella debía ser castigada. De lo más profundo de su mente subconsciente siempre surgía el sentimiento de que iba a ser rechazada, que no merecía ser amada y que no era muy atractiva.

La misteriosa ley de atracción

Los semejantes atraen a sus similares y "Dime con quien andas y te diré quien eres". Puesto que su sentimiento de rechazo, y su temor al castigo eran un estado mental, esto atraía hacia ella a hombres frustrados, neuróticos e inhibidos. La ley de la mente responde en forma negativa o positiva, de acuerdo con los patrones de pensamiento o dirección que se le administran.

Cómo purificó su mente subconsciente

Le recomendé que escribiera las siguientes verdades y que llenara su mente subconsciente con éstas, durante cinco o diez minutos en las mañanas, tardes y noches: "Comprendo que el amor Divino disuelve todo lo que no se le parece; sé y creo que mis reflexiones conscientes se imprimen en mi mente subconsciente y que serán expresadas en mi experiencia. El Ser en mí es Dios; honro, alabo y amo al Ser de Dios en mí. Cada vez que intente criticarme o encontrar faltas en mí, de inmediato afirmaré: 'Alabo a Dios en mi interior'. Me perdono por albergar pensamientos llenos de resentimiento y odio hacia mi padre, y le deseo todas las bendiciones de Dios. Cada vez que piense en mi padre, quien ahora se encuentra en la siguiente dimensión, lo bendeciré. Continúo haciendo esto hasta que ya no quede herida alguna en mi mente. El amor de Dios fluye en mi interior ahora; la paz de Dios me rodea; el amor Divino me rodea, me envuelve y me cubre. Este Amor Infinito se inscribe en mi corazón y está escrito en mi interior. Irradio amor hacia todos los hombres y mujeres; el Amor Divino me cura ahora. El amor es un principio de orientación en mí; trae experiencias de relaciones perfectas y armoniosas; Dios es amor. 'El que mora en amor mora en Dios, y Dios en él' ".

Continuó fielmente con este proceso de terapia de oración durante un mes. En nuestra siguiente entrevista, me encontré con una joven cambiada; había tenido una enorme transformación en su actitud mental hacia sí misma, la vida y el mundo y sus cosas en general.

Cómo se preparó para casarse

Había dejado de rechazarse a sí misma, una actitud negativa, la cual hubiera destruido el matrimonio, en caso de que ella se hubiera casado. Su oración fue la siguiente: "Creo que puedo tener un esposo ideal; estoy consciente de que es un contrato bilateral. Le doy lealtad, devoción, honestidad, integridad, felicidad y satisfacciones; y recibo de él lealtad, fe, confianza, seguridad, amor y satisfacciones. La Inteligencia Infinita que se encuentra en mi interior sabe donde está el hombre ideal, quien me espera. El hombre que ha sido seleccionado por la Inteligencia Infinita para mí, me quiere, me necesita y me desea; lo necesito como él me necesita. Entre nosotros existe la armonía, paz, amor y comprensión. El Amor Divino nos une y armonizamos perfecta, espiritual, mental y físicamente. Alejo todos los temores y tensiones de mí, y tengo fe y confío en que la Inteligencia Infinita nos reune; sé que habrá reconocimiento mutuo cuando nos encontremos. El me ama y yo lo amo a él. Libero toda la idea hacia la Mente Infinita y ahora le agradezco a la Ley Universal de Amor su realización."

Ella repitió la oración antes mencionada con mucho sentimiento por la noche y por la mañana, sabía y creía que estas verdades estaban penetrando las paredes de su mente subconsciente.

Cómo el amor atrae amor

Transcurrieron dos meses; la invitaron a salir varias veces, sin resultado alguno de naturaleza romántica. Sin embargo, cada vez que titubeaba se recordaba a sí misma que el Poder Infinito se había hecho cargo de su petición. Un día que se dirigía, por avión, a la Ciudad de Nueva York en viaje de negocios, un clérigo alto y guapo se sentó a su lado y empezaron a conversar. Discutieron acerca de diversas religiones y descubrió que las creencias religiosas y políticas de él coincidían con las de ella. Asistió a un servicio religioso conducido por él en una iglesia de Nueva York y en una semana se habían comprometido. En la actualidad están casados y viven en una hermosa casa parroquial, donde reina la armonía suprema.

COMO UN HOMBRE DE NEGOCIOS SUPERO POR MEDIO DEL AMOR CELOS ANORMALES

El amor une; los celos dividen. Milton manifestó: "Los celos son el infierno de un amante herido". Shakespeare escribió: "Oh, cuidado con los celos, son el monstruo de ojos verdes que se burla de la carne con la que se alimenta". En otras palabras, el hombre celoso envenena su propio banquete, luego se lo come.

Como un ejemplo de esto, les puedo contar acerca de un hombre a quien conocía; tenía un sentimiento profundo de resentimiento en contra de un rival en los negocios por su éxito, promoción y popularidad. Le expliqué a este hombre que el veneno mortal de los celos agobiaba a todos sus órganos vitales, pues padecía de úlcera sangrante, hemorroides y presión sanguínea alta. Además, el veneno que generaba sus celos estaba cambiando el color saludable de su cara por una palidez demacrada y le estaba debilitando todo su ser.

Cómo la explicación se convirtió en curación

Mis explicaciones de las dificultades de este hombre fueron las siguientes: El Poder Infinito es uno e indivisible. No tiene competencia, pues no puede competir con sí mismo; no existen divisiones o facciones; no hay nada que se le oponga, lo impida o lo contamine, puesto que es la única Presencia, Poder, Causa y Substancia. Con toda seguridad, el Ser Infinito nunca está en competencia con ninguna persona o cosa. El Poder Infinito es el Principio de la Vida en todos los hombres quienes buscan la expresión por medio de cada individuo en una forma única y extraordinaria. Existen tres mil millones de personas en el mundo y esta Reserva Infinita de la Vida fluye en el interior de cada persona.

Cada hombre puede posesionarse de lo que desea, puesto que el Río Infinito de la Mente impregna la mente de todos nosotros. El pensamiento, sentimiento, atención y reconocimiento de este Poder Infinito representan su línea directa con la Reserva Infinita. Usted es el único en el mundo que puede cortar esta unión debido a su carencia de creencias y fe.

Poniéndose en contacto con el amor

Usted puede volverse a su interior y afirmar su bien, salud, riqueza, abundancia, inspiración, orientación, amor o cualquier cosa que usted desea. A medida que usted espera y cree, la respuesta fluirá a su favor; usted no desea lo que tienen los demás; se debe regocijar del éxito del otro; usted puede obtener lo que quiere por medio de sentimientos y pensamientos adecuados. En otras palabras, si establece el equivalente de lo que usted desea en su mente, usted cosechará su recompensa.

Envidiar el talento, éxito, logros, o riqueza del otro es rebajarse a sí mismo y atraer aún más carencias, pérdidas y limitaciones. En realidad, usted rechaza la Fuente Divina de todo lo bueno y se dice a sí mismo: "El puede tener todas esas cosas y tener éxito, pero yo no puedo". Esta ignorancia lo priva de la promoción y el éxito. Puesto que existen únicamente una Mente y una Vida, usted debe aprender que cuando le deseamos en nuestra mente y sentimiento, con sinceridad, el derecho de la vida, libertad, felicidad, y todas las bendiciones de Dios, a todo hombre, mujer y niño en el mundo estamos amándolos verdaderamente. El amor (buena voluntad) es la ley del éxito, felicidad, y paz mental que satisface.

Cómo el amor transformó su vida

La sencilla y práctica discusión anterior sobre las leyes de su mente dio como resultado una nueva perspectiva y una nueva visión de la vida. El hombre me dijo que nunca más volvería a sentir envidia o resentimiento por la promoción o éxito de otra persona sino que tendría regocijo y alegría cuando se enterara de que alguien avanzaba hacia adelante y hacia arriba. Le proporcioné la siguiente oración para que la empleara con frecuencia:

"Comprendo y creo que todos tenemos un Progenitor común, el Principio de la Vida, que es el Padre de todos; y todos los hombres son hermanos. Saludo a la Divinidad en cada persona; estoy consciente de que estoy formado y moldeado por lo que amo. Conforme derramo amor y buena voluntad hacia todos, sé que mi mente subconsciente se purifica y limpia de toda envidia, resentimiento y temor. Me regocijo por el éxito, promoción, progreso y felicidad de todos los que me rodean y de todas las personas en todo el mundo.. El río de amor y vida fluye en mi interior y estoy purificado y en paz".

Cuando un pensamiento de envidia o de celos surgía en su mente él afirmaba: "Me regocijo por su éxito, irradio amor y buena voluntad hacia él". Convirtió esto en hábito y en la actualidad tiene un éxito maravilloso manejando su propio negocio. Lo más sorprendente de todo es que la persona de quien estaba tan celoso es ahora su socio, y ellos prosperan más allá de todos sus sueños.

COMO UTILIZAR EL PODER DEL AMOR EN FORMA CONSTRUCTIVA

Hace algún tiempo, entrevisté a una mujer que manifestó: "Me he enamorado de un hombre. ¿Qué puedo hacer para que me proponga matrimonio?" Este es un empleo inadecuado de la ley del amor; es la inversión del amor e indica un deseo de obligar o forzar a otra persona, mentalmente, a realizar algo en contra de su voluntad. Está interfiriendo con los privilegios que Dios otorga y con la prerrogativa de escoger v decidir por sí mismo.

Ocasionar que alguien lleve a cabo lo que uno quiere por medio de la mente se llama magia negra. Por ejemplo, este poder mental es reconocido en la India, al igual que en otros lados. Le expliqué que conseguir a su pareja por este medio sería contraproducente, y ella desearía no haberlo hecho, y además él no era, en realidad, lo que ella quería, en primer lugar. Le proporcioné la siguiente oración específica de acción correcta:

"La Inteligencia Infinita que se encuentra en mi interior está consciente de mi deseo de contraer matrimonio; también sabe donde se halla el hombre ideal para mí. El me ama por lo que soy, y nos atraemos mutuamente; no pienso en ningún hombre en particular mientras oro, sin embargo, sé que la Mente Infinita nos va a unir ahora en orden Divino. El llega sin impedimento alguno y existen amor, interés y respeto mutuos. Comprendo y creo que 'Lo mío me llegará'. No existe competencia en ningún lugar de mi vida. Agradezco al Principio de Acción Correcta en mi vida ahora, y sé que se realiza".

Ella creía con sinceridad en las palabras que afirmaba. Sentía esta oración con convicción profunda. Después de algunas semanas, su jefe, con quien había trabajado durante cinco años, le propuso matrimonio. Se casaron y son el uno para el otro. Después de la ceremonia de matrimonio, que yo celebré, ella comentó: "Es extraña la forma como funciona la oración, trabajé en esta oficina durante cinco años, y parecía que yo no existía para él. En realidad la oración cambia las cosas".

Andando en amor

Todas las noches y todas las mañanas reflexione mentalmente sobre las siguientes verdades eternas de la Biblia: "*Dios es amor* (Juan 4:16). "*Todas vuestras cosas sean hechas con amor*" (I Corintios 16:14). "*Andad en amor*" (Efesios 5:2). "*El que permanece en amor, permanece en Dios*" (I Juan 4:16). "*Amarás a tu prójimo como a ti mismo*" (Levítico 19:18). "*Porque este es el mensaje que habéis oído desde el principio: Que nos amemos unos a otros*" (1 Juan 3:11). "*Amaos unos a otros entrañablemente, de corazón puro*" (I Pedro 1:22). "*El amor no hace mal al prójimo; así que el cumplimiento de la ley es el amor*" (Romanos 13:10). "*Ama-*

dos, amémonos unos a otros; porque el amor es de Dios. Todo aquel que ama, es nacido de Dios, y conoce a Dios. El que no ama no ha conocido a Dios; porque Dios es amor" (I Juan 4:7,8).

PUNTOS DE ESTE CAPITULO PARA RECORDAR

1. La Vida por su propia naturaleza se manifiesta como armonía, belleza, dicha y paz; en otras palabras, el deseo de Dios para usted es una vida abundante, en este lugar y momento.
2. Sus patrones de pensamiento y sus imágenes mentales se manifiestan en su vida por medio de su naturaleza de amor o su vínculo emocional. Cualquier idea que usted trate en forma emocional sucederá.
3. Deje de rechazarse a sí mismo; los semejantes atraen a sus similares. Comprenda que el amor Divino disuelve todo lo que no se le parece. Si usted tiene un patrón de rechazo o un complejo de temor, llene su mente subconsciente de patrones vigorizantes de armonía, amor, paz, dicha y acción correcta; y usted experimentará un renacimiento espiritual.
4. Usted puede atraer a la pareja ideal si comprende que la Inteligencia Cósmica que se encuentra en su interior atrae ahora hacia usted a la persona que armoniza con usted en todo sentido. Su mente más profunda lo hará suceder en orden Divino.
5. Los celos son un veneno mental que atraen pérdidas, carencias y miseria hacia usted. Pueden ser superados al comprender que no existe competencia en la única Mente Cósmica. El amor se deshace de los celos. Usted puede pedir mentalmente lo que usted desea, y la Presencia de Dios se lo proporcionará de acuerdo con su creencia en el amor.
6. El amor es una extensión del corazón; significa buena voluntad. Conforme usted les desea a los demás con sinceridad buena voluntad, usted se bendecirá a sí mismo, puesto que usted es el único

que piensa en su universo; y lo que usted piensa acerca de los demás es lo que usted experimenta y lo que se manifiesta en su vida. El amor es la realización de la ley de salud, felicidad, y paz mental.

7. Cada vez que un pensamiento de envidia surja en su mente de inmediato, substitúyalo con lo siguiente: "Me regocijo por la felicidad y por el éxito de él o de ella". Convierta esto en hábito, y sucederán maravillas en su vida.
8. Nunca trate de manipular a otra persona mentalmente para que haga algo en contra de su voluntad; esto es una inversión de la ley de amor y se llama "magia negra". Un acto así siempre es contraproducente y puede traer sufrimiento y arrepentimiento a su vida. Lastimar a otra persona es lastimarse a sí mismo.
9. Existe un Principio de Acción Correcta en el universo. La Inteligencia Cósmica que se encuentra en su interior le proporcionará cualquier cosa que usted pida, sienta y crea. La Mente Cósmica tiene miles de millones de canales por los cuales derrama sus bendiciones infinitas. Usted es un canal de Dios; acepte su bien ahora.
10. *"El que permanece en amor, permanece en Dios"* (I Juan 4:16).

DIECISEIS

EL PODER INFINITO DE LA FE PARA HACER QUE LO IMPOSIBLE SEA POSIBLE

La Biblia dice: "*Por tanto, os digo que todo lo que pidiereis orando, creed que lo recibiréis, y os vendrá*" (San Marcos 11:24) Y "*Jesús le dijo: Si puedes creer, al que cree todo le es posible*" (San Marcos 9:23).

Creer es aceptar algo como cierto. Sin embargo, gran cantidad de personas creen algo que es absolutamente falso; en consecuencia, sufren a la medidad de su creencia. Si por ejemplo, usted cree que Los Angeles está en Arizona y remite su carta de esa manera, ésta se perderá o le será devuelta. Recuerde que aceptar una idea es, en realidad, creer en ésta. Si alguien sugiere que usted nació para tener éxito, y para superar en forma triunfante todos los problemas de la vida y usted lo acepta por completo, sin reserva mental alguna aparentes milagros se realizarán en su vida.

EL MILAGRO DE CREER IMPLICITAMENTE

Cuando Alejandro Magno, el antiguo monarca, era muy pequeño e impesionable, su madre, Olimpia, le indicó que su naturaleza era Divina y que él era diferente de los demás muchachos, porque su padre era, en realidad, el dios Zeus. Por lo tanto, él trascendería todos los límites de un muchacho común y corriente. El joven creía firmemente en esto y creció a una estatura, un poder, y una fuerza magníficos; y su vida contó con una serie de hazañas gloriosas que se encuentran más allá de la comprensión del hombre común. Era llamado "El Lunático Divino". Alejandro realizaba, con frecuencia, tanto lo impredecible como lo imposible; se convirtió en extraordinario guerrero y conquistador. El había aceptado, en forma total, la creencia de que no era hijo de su padre humano, Filipo de Macedonia.

Se cuenta que una vez abrazó a un semental feroz, salvaje e indisciplinado; lo montó sin silla de montar o brida; y el caballo se volvió manso como un cordero. Su padre y el mozo de cuadra no se atrevían a tocar a ese caballo; sin embargo, Alejandro creía que era Divino y que tenía poder sobre todos los animales. El conquistó el mundo que se conocía antes y estableció el imperio alejandrino. Se dice que lloró porque no había más naciones que conquistar.

Cito esto sólo con el fin de mostrar cuál es el poder de la creencia, que le permite hacer que lo llamado imposible sea posible. *"Con Dios todo es posible"* (San Mateo 19:26). Alejandro creía y dramatizó su creencia para sí mismo, y, a su propia manera, manifestó este Poder Infinito en su mente, cuerpo y proezas.

POR QUE USTED DEBE SABER QUE USTED ES DIVINO

Usted es hijo de un Dios viviente. La Biblia dice: *"Y no llaméis padre vuestro a nadie en la tierra; porque uno es vuestro Padre, el que está en los cielos"* (San Mateo 23:9). Usted nació de Dios; es Divino; tiene el poder, habilidad, y capacidad de hacer cosas Divinas. *"Yo dije: Vosotros sois dioses; y todos vosotros hijos del Altísimo"* (Salmos 82:6).

Piense en todas las cosas maravillosas que puede realizar cuando llama al Poder Infinito que se encuentra en su interior. La creencia de que usted es hijo de Dios alejará todas las creencias y opiniones falsas del hombre y le permitirá realizar las obras de Dios en este lugar y en este momento.

COMO RECONOCER SU NATURALEZA DIVINA

Afirme con frecuencia: "Sé y creo que soy hijo de Dios, y estoy dotado de todos los poderes, cualidades y atributos de Dios. Creo implícitamente en mi naturaleza Divina y acepto mi derecho Divino. Fui creado en la imagen y semejanza de Dios; tengo dominio sobre todas las cosas. Tengo la capacidad de superar todos los problemas y retos por medio del Poder Infinito de Dios que se encuentra en mi interior; todos mis problemas pueden vencerse en forma Divina. Creo definitivamente que puedo liberar la Presencia Infinita de Curación para aliviar mi sufrimiento y el de otros. Me llega inspiración e iluminación del Altísimo; todos los días, puedo expresar cada vez más la luz, la verdad y la belleza de Dios. Dios es mi padre, y estoy consciente de que todo es posible porque soy Divino.

Afirmo en este momento que la luz de Dios brilla en mí y que la gloria de Dios, mi Padre, surge en mí; puedo realizar todo por medio del Poder de Dios, el cual me fortalece".

COMO UN MINISTRO SE DEMOSTRO A SI MISMO EL PODER DE LA FE

Tuve una interesante conversación con un compañero ministro, hace algunos meses. Me contó que su hermano, un brillante internista y experto en hacer diagnósticos, le manifestó el año anterior: "Tom, tienes un tumor maligno". Agregó: "En un principio fue un impacto terrible". Luego continuó:

"Empecé a pensar acerca de lo que acostumbraba predicar sobre Dios que es amor y sobre la fe que mueve montañas, y me dije a mí mismo: 'Si esto es cierto ¿por qué estoy lleno de miedo y frustración? ¿Podrá ser que yo no acepte, en realidad, estas verdades, o es únicamente un asentimiento teórico de mi parte? De repente, me llegó el pensamiento, si en realidad creía, estaría consciente de las verdades de la Biblia y las viviría con honestidad. Me sometí al tratamiento recetado por mi hermano el dolor era agudo y no reaccionaba a la terapia de rayos X y medicamentos; cada vez estaba en peores condiciones. Sabía que en realidad no creía en el Poder de Curación de Dios, pensaba que éstas eran sólo palabras. Abrí la Biblia y leí estas palabras: "*Porque de cierto os digo que cualquiera que dijere a este monte: Quítate y échate en el mar, y no dudare en su corazón, sino creyere que será hecho lo que dice, lo que diga le será hecho*" (San Marcos 11:23).

El reflexionó sobre este pasaje y la esencia de su oración era la siguiente: "Creo en las verdades que contiene este verso Bíblico; elimino y envío al olvido la montaña de temor, preocupación y mala salud; la enfermedad me deja ahora. Creo en el Poder de Dios de Curación, en Su bondad y en Su cuidado. Estoy consciente de que los pensamientos negativos cargados de temor son la causa de que exista este estado en mi cuerpo, pues están alojados en mi mente subconsciente. Comprendo que el amor curativo de Dios disuelve y elimina todos los patrones negativos y me niego en forma absoluta a darles a las dificultades poder y me regocijo con la verdad: "*Porque yo soy Jehová tu sanador*" (Exodo 15:26).

El oró en voz alta muchas veces al día. Cuando el temor y la duda llegaban a su mente, de inmediato afirmaba: "Dios me cura ahora". Al final de tres meses, todos sus exámenes salieron negativos. En la actualidad, él es libre como el viento y nuevamente predica en su iglesia todos los domingos y los miércoles, sanó por completo, la imagen de salud perfecta.

"*Y todo lo que pidiéreis en oración, creyendo, lo recibiréis*" (San Mateo 21:22).

COMO CREER EN EL PODER INFINITO DE CURACION PARA CURARSE POR COMPLETO

A través del tiempo han existido narraciones de milagrosas curaciones espirituales; Jesús curó a los ciegos y a los lisiados. El fue un hombre que nació como todos nosotros; la únira diferencia entre Jesús y cualquier otro hombre es que él se apropió de más Divinidad por medio de la reflexión y se deleitaba con las grandes verdades de Dios y tenía sentido de unidad con Dios. Les dijo a todos los hombres: *"Las cosas que hago, también ustedes las harán, y harán cosas más grandiosas"*. También dijo: *"Y estas señales seguirán a los que creen: En mi nombre echarán fuera demonios; hablarán nuevas lenguas; . . . sobre los enfermos pondrán sus manos, y sanarán"* .(San Marcos 16:17-18). El poder de curación, se encuentra en su creencia de que con Dios todo es posible.

Cómo una madre hizo que lo imposible fuera posible

Recibí una llamada telefónica de una mujer de Louisiana. Su hijo se encontraba en el hospital; sufría de una severa hemorragia cerebral; no se esperaba que viviera, estaba desahuciado. Gracias a nuestra conversación, comprendí que esta mujer era muy religiosa. Le pregunté: "¿Cree usted que la Presencia Infinita de Curación, la cual creó el cerebro y el cuerpo de su hijo lo puede curar y devolver la salud?" Ella contestó: "Creo en lo que dice la Biblia: *"Mas yo haré venir salud para ti, y sanaré tus heridas, dice Jehová"* (Jeremías 30:17).

Oramos juntos por teléfono y estuvimos de acuerdo en que el Poder Infinito de Curación sabía cómo curar tanto al cerebro como a los demás órganos del cuerpo y tenía conocimientos exactos de cómo efectuarlo. Decretamos que una atmósfera de amor, paz y armonía rodeaba a su hijo y que todos los doctores y todas las enfermeras tenían orientación Divina. Le recomendé que se imaginara a su hijo en su casa, y que en su imaginación vívida escuchaba que le decía: "Madre, se realizó un milagro; estoy curado por completo".

La madre continuó orando y creía que el Poder Curativo de Dios le devolvería la salud a su hijo y constantemente se lo imaginaba en su casa sonriente y feliz. Cuando un pensamiento de temor o de ansiedad le llegaba a la mente, ella de inmediato, afirmaba: "Yo creo, yo creo en el Poder Infinito de Curación que está realizando un milagro ahora". ¡En la actualidad, este joven es fuerte y goza de buena salud!

Nadie sabe con certeza cómo funciona la Presencia de Curación. De la misma manera, yo no sé, ni nadie sabe con exactitud cómo un abeto gigante crece de una semillita. Esta mujer creía, sin duda alguna, que existía una Inteligencia Infinita que sabía cómo curar y devolver la salud al cuerpo de su hijo. Buscó más allá de las apariencias e hizo que lo imposible fuera posible.

COMO ANALIZAR SUS CREENCIAS

Pregúntese a sí mismo: "¿Existe para mí esto que deseo?" ¿Cree usted que tiene amigos maravillosos y compañerismo? ¿Piensa usted que toda la riqueza que usted necesita es posible en el esquema universal de las cosas? ¿Considera que puede encontrar su verdadero lugar en la vida? ¿Supone usted que la voluntad de Dios para usted es la vida abundante, una mayor medida de felicidad, paz, dicha, prosperidad, mejor expresión y salud boyante? Usted debe contestar en forma afirmativa a todas estas preguntas y creer y esperar lo mejor de la vida, y lo mejor le llegará.

LO QUE MUCHAS PERSONAS CREEN ERRONEAMENTE ACERCA DE LA ABUNDANCIA DE SUS VIDAS

Muchas personas creen que la riqueza, la felicidad y la abundancia no son para ellos, que éstas son únicamente para la otra persona. Esto se debe a un sentimiento de inferioridad o rechazo. No existe una persona inferior o superior. Todo mundo es un dios, si bien en origen: "*Vosotros sois dioses. Y todos vosotros hijos del Altísimo*" (Salmos 82:6).

Usted no está limitado por familia, raza o acondicionamiento anterior. Hay miles de personas que han superado su medio ambiente y han elevado su cabeza y su espalda sobre la multitud, aunque no nacieron con cuchara de plata en su boca. Abraham Lincoln nació en una cabaña; Jesús era hijo de un carpintero; George Carver, el gran científico nació en la esclavitud. Sin embargo, la generosidad universal de Dios se derrama sobre todos, sin tomar en cuenta la raza, el credo o el color.

Le acontecerá como usted cree. Si usted no cree que tiene derecho a lo que desea, sabedor que la ley es impersonal, y siempre responde a su creencia, no puede creer que obtendrá su deseo.

USTED TIENE EL DERECHO DE CREER EN UNA VIDA RICA Y DICHOSA

Dios, el Bien Cósmico, le dió ricamente todas las cosas para disfrutar y usted está aquí para exaltar a Dios y para disfrutarlo toda la eternidad. Usted tiene el derecho perfecto de traer a su vida todo lo bueno, siempre y cuando, su motivo no sea egoísta y usted les desee a todos lo que se desea a sí mismo. Su deseo de tener salud, felicidad, paz, amor y abundancia no puede, de manera alguna, dañar a nadie. Usted tiene el derecho de obtener un puesto maravilloso con magníficos ingresos, sin embargo, usted no debe codiciar el empleo de otra persona. La Presencia Infinita lo puede guiar hacia un trabajo adecuado con un ingreso que esté totalmente de acuerdo con su integridad y honestidad.

Crea que usted tiene el derecho de tener lo bueno que busca y haga todo lo que esté a su alcance para traerlo a su experiencia, y luego se manifestará. Usted no desee nada de lo que otra persona está disfrutando. Las riquezas infinitas de Dios alcanzan para todos. La vida le responde según crea en Ella y según la emplee.

USTED OBTIENE CONFORME A LO QUE CREE

Todas sus experiencias, estados, y eventos surgen de sus creencias. La causa y el efecto están unidos y ligados en forma indisoluble. Su pensamiento habitual encuentra su expresión en todas las fases de su vida. Crea que tiene un Socio Silencioso que lo consuela, guía y dirige, y le mantiene una puerta abierta, la cual nadie puede cerrar.

Viva en la dichosa esperanza de obtener lo mejor, e invariablemente lo mejor le llegará.

Todas las mañanas cuando despierte, afirme silenciosa y cariñosamente: "Este es el día que el Señor creó; me regocijaré y estaré contento en él. Hoy sucederán maravillas en mi vida, hoy tendré contactos magníficos; encontraré personas muy interesantes; completaré todos mis deberes en orden Divino y realizaré cosas grandiosas. Mi Socio Silencioso me revela una nueva y mejor manera de lograr todo; estoy consciente de que el Poder Infinito no ve obstáculos y no conoce barreras. Creo que Dios prospera en mí más allá de mis sueños más preciados. Comprendo y creo que: "*...Si puedes creer, al que cree todo le es posible*" (San Marcos 9:23).

COMO AFIRMO SU BIEN UN HOMBRE EN BANCARROTA

Hace algún tiempo, entrevisté a un hombre que estaba en bancarrota; estaba deprimido y abatido; además su esposa se había divorciado de él y sus hijos ya no le hablaban. Manifestó que su esposa había envenenado sus mentes en su contra y comentó que no creía en Dios y que estaba desesperado.

Le indiqué que aunque pensara que el mundo es plano, no obstante, sigue siendo redondo; además, aunque no lo creyera, una Inteligencia Infinita se encuentra en su interior. Le recomendé que probara una fórmula durante diez días, y después viniera a verme nuevamente. Le proporcioné la siguiente fórmula:

"Creo que Dios existe y que Dios es el Poder Infinito que mueve al mundo y creó todas las cosas. Creo que este Poder Infinito mora en mí; creo que Dios me guia ahora; creo que las riquezas de Dios fluyen en mi interior en torrentes de abundancia. Creo que el amor de Dios llena mi corazón y que su amor llena la mente y el corazón de mis dos muchachos; creo que nos unen lazos de amor. Creo que soy un enorme éxito; creo que soy dichoso, feliz y libre. Creo que Dios siempre tiene éxito y porque Dios tiene éxito y porque Dios mora en mí, yo tengo mucho éxito.

Yo creo; yo creo; yo creo".

Le sugerí que afirmara las verdades anteriores en voz alta durante cinco minutos, en la mañana, en la tarde y en la noche. El aceptó y me telefoneó el segundo día para manifestar: "No creo una palabra de lo que digo; todo es mecánico y no tiene significado". Le recomendé que insistiera en su disciplina mental: "El solo hecho de que empezase a afirmar y a practicar la fórmula espiritual muestra la fe de una semilla de mostaza que se menciona en la Biblia, y conforme usted siga, eliminará las montañas de temor, carencia y frustración".

Después de los diez días, regresó radiante y feliz; sus dos hijos lo habían visitado y se realizó una reunión dichosa. En su nuevo patrón de pensamiento ganó una pequeña fortuna en las carreras irlandesas y ahora se encuentra nuevamente en los negocios. ¡Descubrió que el Pensamiento Infinito para llevar una vida perfecta también se aplicaba a él!

Yo sabía que aunque las palabras de la oración no tenían significado para él cuando empezó a orar, conforme reflexionaba sobre éstas por medio de la frecuente ocupación de la mente, se hundirían en su mente subconsciente y se convertirían en parte de su mentalidad.

"*...porque de cierto os digo, que si tuviereis fe como un grano de mostaza, direis a este monte: Pasad de aquí allá, y se pasará; y nada os será imposible*" (San Mateo 17:20).

PUNTOS DE ESTE CAPITULO PARA RECORDAR

1. La Biblia dice: "*...Si puedes creer, al que cree todo le es posible*" (San Marcos 9:23).
2. Creer es aceptar algo como cierto. Usted puede creer una mentira, pero no la puede comprobar. Si usted cree en algo que es falso, usted sufrirá a la medida de su creencia.
3. A Alejandro Magno le dijo su madre que su padre era el Dios Zeus. En consecuencia, Alejandro creía que su naturaleza era Divina. Por lo tanto, él creía

que podía lograr, y así lo hizo, lo que otros hombres creían que era imposible.

4. Crea que usted es hijo del Dios Viviente y que usted está dotado con el Poder Infinito y las cualidades de Dios. Continúe creyendo y usted realizará milagros en su vida. Crea que usted puede hacer todas las cosas por medio del Poder de Dios, el cual fortalece.
5. Si usted le dice a la montaña (obstáculo, dificultad, problema) retírate y apártate hacia el mar del olvido y cree que el Poder Infinito de Dios puede hacerlo, sucederá.
6. Tome una cita de la Biblia como: *"Porque yo soy Jehová tu sanador"* (Exodo 15:26). Reitere esta verdad en su mente regularmente y crea en la Presencia Infinita de Curación, y seguirá una curación. Le acontecerá como usted cree.
7. Crea que con el Poder Infinito de Curación todas las cosas son posibles.
8. Crea que el Poder Infinito que creó su cuerpo y todos sus órganos puede sanarlo y devolverle la salud. Afírmelo y sature su mente con esta gran verdad: *"Más yo haré venir salud para ti y sanaré tus heridas, dice Jehová"* (Jeremías 30:17). Al recordar estas verdades con frecuencia, usted alcanzará un punto de paz interna y seguirá la curación.
9. Busque más allá de las apariencias y contemple la realidad de un deseo cumplido, y usted hará que lo imposible sea posible.
10. Analice sus creencias y deles forma en la luz de las grandes afirmaciones. Crea en la bondad de Dios, en la orientación de Dios y en la vida más abundante.
11. Usted tiene derecho Divino a todas las riquezas de la vida. Dios es el donante y el don, y todas las cosas están listas si la mente lo está. Acepte lo bueno ahora y viva en la esperanza dichosa de lo mejor. Usted no está limitado por familia, raza o acondicionamiento anterior.

12. Dios le dio ricamente todas las cosas para disfrutar. Usted está aquí para exaltar a Dios y para disfrutarlo toda la eternidad. Las riquezas infinitas de Dios alcanzan para todos. La vida le responde según cree en Ella y según la emplea.
13. Todas sus experiencias, estados y eventos surgen de sus creencias.
14. Si usted afirma que no cree en los principios universales y en las verdades de Dios, y al mismo tiempo empieza a afirmar que lo que es verdad de Dios es verdad de usted, el solo hecho de que usted empiece a afirmar la verdad es como la fe de una semilla de mostaza, que se extiende y crece conforme usted sigue reiterando y anunciando estas verdades a su mente. Usted descubrirá que creer realiza milagros y maravillas en su vida.

DIECISIETE

PODER INFINITO PARA TENER RELACIONES ARMONIOSAS CON LA GENTE

Estoy escribiendo este capítulo en la bella isla de Maui, la cual es parte de la cadena que forma el Estado de Hawaii. Las personas de este lugar dicen: "Usted no ha vivido hasta que visita Hawaii". Una de las atracciones sobresalientes de Maui es Haleakula, "La Casa del Sol", un volcán extinto que se eleva a más de diez mil pies de altura. Este ofrece vistas panorámicas asombrosas y permite echar un vistazo a la tranquila vida nativa, donde los hawaianos aún arrojan sus redes al mar para obtener el alimento esencial y cuidan pedazos de tierra de taro de la misma forma como lo hacían sus antepasados.

En estas islas, usted se puede encontrar con personas de todos los grupos étnicos y de diversas creencias religiosas, quienes viven juntas armoniosa y pacíficamente y disfrutan de la alegría del amor de Dios. El nativo que me llevó del aeropuerto al Hotel Maui Hilton me contó que sus antepasados eran una mezcla de irlandeses, portugueses, alemanes, japoneses y chinos. Me indicó que las personas de este lugar se han casado entre sí durante generaciones y que los problemas raciales son desconocidos.

COMO CONGENIAR CON LOS DEMAS

Una de las principales razones por las que algunos hombres y mujeres no prosperan en la vida es su incapacidad de congeniar con otros; parecen "caerle mal" a los demás. A menudo, su actitud de ostentación es imprudente y ofensiva. La mejor forma de llevarse bien con otras personas es saludar a la Divinidad en éstas y comprender que todos los hombres y las mujeres son un epítome o ejemplo de toda la raza humana. Toda persona que camina en la tierra es hijo o hija del Dios Viviente; y cuando respetamos y honramos a la Divinidad que se encuentra en nuestro interior, automáticamente veneramos y honramos a la Presencia Divina en el interior de la otra persona.

COMO SE PROMOVIO A SI MISMO UN MESERO

Mientras visitaba el hotel de una cadena hotelera en la Playa de Koanapali, Distrito de Maui, tuve una interesante conversación con un mesero. Me relató que cada año, un millonario excéntrico del continente acostumbraba visitar el hotel. Este visitante era una persona miserable a quien no le agradaba dar propinas a los meseros ni a los botones; era grosero, malcriado, descortés, y sencillamente intratable. Nada le parecía bien y se quejaba, en forma constante, de los alimentos y del servicio y le gruñía al mesero cada vez que éste le servía. Dicho mesero comentó: "Comprendía que él estaba enfermo; nuestro kahuna (ministro nativo hawaiano) dice que cuando los hombres se comportan así es porque algo les corroe las entrañas, por lo tanto, decidí colmarlo de atenciones".

Cómo realizó milagros esta técnica especial

Este mesero trataba al millonario, sin cesar, con cortesía, amabilidad y respeto y afirmaba silenciosamente: "Dios lo ama; veo a Dios en él y él ve a Dios en mí". Practicó esta técnica durante aproximadamente un mes, al final del cual dicho millonario excéntrico le dijo por primera vez: "Buenos días, Toni. ¿Qué tal el tiempo? Tú eres el mejor mesero que me ha atendido". Toni por poco se desmaya, según comentó y agregó: "Esperaba un gruñido y recibí un cumplido; me obsequió un billete de quinientos dólares". Esa fue la propina de despedida que dejó este difícil huésped, quien al mismo tiempo, dispuso que

Toni fuera ascendido más adelante, a subgerente de un gran hotel en Honolulu, en el cual tenía intereses.

"Y la palabra a su tiempo, ¡cuán buena es!" (Proverbios 15:23).

Una palabra es un pensamienta expresado. Las palabras de este mesero (pensamientos) estaban dirigidas al alma (mente subconsciente) del huésped malhumorado y pendenciero, y derritieron, en forma gradual, el hielo en su corazón y él respondió con amor y amabilidad. Toni comprobó que ver la Presencia de Dios en el otro y adherirse a la gran verdad eterna paga fabulosos dividendos en las relaciones humanas, tanto espiritual como materialmente.

COMPRENDER TODO ES PERDONAR TODO

Esta es una antigua declaración aforística que contiene una gran verdad. Tuve una conversación interesante con una directora social en uno de los hoteles, aquí en Maui. Ella indicó que en una ocasión, cuando le comentó a un huésped: "Es un día maravilloso", el huésped contestó: "¿Qué tiene de bueno? El clima de este lugar es desagradable". Ella agregó que sabía que aquel huésped en particular estaba alterado emocionalmente e impulsado por alguna emoción irracional. Había estudiado psicología en la Universidad de Hawaii, en Honolulu, y recordaba que su profesor le había indicado que uno no se enfada y no siente resentimiento contra un jorobado, por ejemplo, o contra alguien que sufre de cualquier otra deformidad congénita obvia; asimismo, uno no debe molestarse porque algunas personas sean emocionalmente jorobadas y tengan mentalidades deformadas y torcidas. Uno debe compadecerlas. Si se comprende su caótico estado mental y emocional, es fácil tolerar y perdonar.

Cómo la comprensión crea inmunidad a los resentimientos

Esta joven es gentil, encantadora, cortés y amable y

aparentemente, nadie puede irritarla. Se ha creado una especie de inmunidad Divina y comprende que nadie puede lastimarla, mas que ella misma. Es decir, tiene libertad, como todos, para bendecir a la otra persona o para resentirla. Ha decidido bendecir. Está totalmente consciente de que la única persona que es capaz de lastimarla es ella misma, es decir, el mecanismo de su propio pensamiento, que se encuentra bajo su completo control.

COMO EL SUBCONSCIENTE DE UN MUSICO REALIZO MARAVILLAS POR MEDIO DE LA ORACION

Un joven músico que toca un instrumento de cuerda en las noches, con el fin de pagarse sus estudios en la Universidad de Hawaii, donde estudia leyes, me dijo que había experimentado fricción con algunos de sus profesores y que su memoria le había fallado durantes unos exámenes escritos y orales. Este joven se encontraba tenso y resentido. Le expliqué que su mente subconsciente contenía una memoria perfecta de todo lo que había leido y escuchado pero cuando su mente consciente está tensa, la sabiduría de su subconsciente no aparece en la mente superficial.

En consecuencia, el oró de la siguiente manera todas las noches y todas las mañanas: "La Inteligencia Infinita que se encuentra en mi mente subconsciente me revela todo lo que necesito saber, estoy Divinamente orientado en mis estudios, irradio amor y buena voluntad hacia mis profesores y estoy en paz con ellos. Apruebo mi exámen en orden Divino".

Transcurrieron tres semanas recibí una carta de él, en la cual me informaba que había aprobado su examen especial con mucho éxito y que en la actualidad, su relación con sus profesores era excelente.

Al reiterar las afirmaciones que le proporcioné, incorporó en su mente subconsciente, triunfalmente, la idea de una memoria perfecta para todo lo que necesitaba saber. Su emanación de amor y buena voluntad fue recogida, en forma subconsciente, por sus profesores, lo que dió como resultado relaciones armoniosas.

COMO UN DOCTOR SE CURO A SI MISMO DE IRA DESGARRADORA

El Cráter de Haleakala, con anterioridad, una profunda y ardiente depresión de un violento volcán es, en la actualidad, un cono enfriado. Me encontraba con un grupo de personas, algunas eran de localidades tan extensamente alejadas como Denver; Pittsburgh; Estocolmo, Suecia y Australia. En la limousine, me senté junto a un doctor australiano y a su esposa. El comentó que, debido a que tenía la costumbre de juzgar a las personas con suma severidad, tuvieron lugar en su vida erupciones violentas que causaron devastaciones parecidas a la actividad volcánica que estábamos presenciando.

La esencia de su conversación fue que él antes se llenaba de ira por lo que los reporteros escribían en los periódicos. Escribía cartas venenosas, vengativas y mordaces a los miembros del parlamento, a los dirigentes de diversos sindicatos, etc. Este descontento y los tumultos internos causaron dos erupciones físicas en forma de dos ataques cardiacos serios, además de una erupción volcánica que apareció como una apoplejía benigna.

Se recuperó de estos ataques y comprendió que él se los había causado sólo. Mientras se encontraba en el hospital, una enfermera le dio para leer el Salmo 91 y le indicó: "Esta es la medicina que usted necesita". Empezó a reflexionar sobre éste y, en forma gradual, el significado se hundió en su alma (su mente subconsciente). Señaló que desde entonces ha aprendido a adaptarse, pues comprende que todos están acondicionados de diversas maneras y que éste es un mundo de seres humanos imperfectos que se esfuerzan en alcanzar la Perfección de Dios.

Lo que significa ser honesto con uno mismo

Este doctor había aprendido a ser honesto, como dijo,

con el Ser de Dios que se encuentra en su interior y a respetar al mismo Dios en los demás. Shakespeare manifestó: "Sé honesto contigo mismo; y luego, tan seguro como la noche sigue al día, no podrás ser falso con ningún hombre". Este doctor aprendió que comprender todo es perdonar todo. Aún es intolerante con las ideas falsas, pero no con la gente. Sigue siendo honesto con las verdades de Dios y con los principios eternos.

COMO UN HOMBRE QUE LE TENIA MALA VOLUNTAD A DIOS APRENDIO UNA GRAN LECCION EN RELACIONES HUMANAS

Un hombre con quien fuí a nadar en el océano adyacente al hermoso y majestuoso Hotel Maui Hilton comentó: "Estoy aquí para escapar de todo". Empezó a criticar a todas las personas que trabajaban en su organización y al gobierno, hasta parecía tenerle rencor a Dios. En realidad, manifestó que sentía que le podría ir mejor si Dios lo dejara en paz.

Me preguntó: "¿Qué puedo hacer para tener mejores relaciones humanas y congeniar con estas personas desagradables?" Le expliqué que las investigaciones han demostrado que la mayor parte de las dificultades que muchas personas tienen en lo referente a relaciones humanas radica en que no buscan la causa en su interior. El primer paso a seguir es congeniar con las dificultades de su propio ser. Le señalé que gran parte del problema que tenía con sus empleados y asociados provenía, principalmente, de él mismo y que estas y otras personas podrían ser llamadas causas secundarias.

Admitió que estaba lleno de violencia y hostilidad ocultas y tenía muchas frustraciones en lo referente a sus ambiciones y planes en la vida. Sin embargo, empezó a comprender que su ira reprimida encendía la hostilidad o enojo, que estaban latentes, contra los que se encontraban a su alrededor; y sufría por las reacciones, que él mismo había engendrado. Descubrió que lo que él llamaba animosidad y hostilidad de sus asociados y empleados era, en alto grado, el reflejo de sus propias hostilidades y frustraciones.

Le proporcioné la siguiente prescripción espiritual, la cual tenía que seguir regular y sistemáticamente: "Estoy consciente de que existe una ley de causa y efecto y el humor que genero regresa en las reacciones de la gente hacia mí y en condiciones y hechos. Comprendo que mi tumulto y mi enojo internos provocan fealdad y enojo en los hombres y las mujeres, y también en los animales. Sé que sin importar lo que experimente debe haber afinidad en mi mente, consciente e inconsciente; puesto que como pienso y siento, así soy, y así me expreso, experimento y comporto.

Me administro esta medicina mental y espiritual muchas veces al día. Pienso, hablo y actúo desde el Centro Divino que se encuentra en mi interior; irradio amor, paz y buena voluntad hacia los que me rodean y hacia toda la gente de todo el mundo. El Infinito se encuentra extendido en reposo sonriente en mi interior. La paz es el poder en el corazón de Dios, y su rio de paz fluye por mi mente y por mi corazón y por todo mi ser. Soy uno con la Paz Infinita de Dios; mi mente es parte de la mente de Dios y lo que es verdad de Dios es verdad de mí.

Comprendo y sé que ninguna persona, lugar o cosa en todo el mundo tiene el poder de molestarme, fastidiarme o turbarme sin mi consentimiento mental. Mi pensamiento es creativo y, constantemente y con comprensión, rechazo todos los pensamientos y sugerencias negativos, y afirmo que Dios es mi guía, mi consejero y mi gobernador y que El me cuida. Estoy consciente de que Dios es mi Patrón real y que yo trabajo para El.

Este Ser real de mí es Dios y no puede ser lastimado, contaminado o contrariado. Comprendo que yo sólo me he lastimado por mi autocrítica, atocondena y autodenigración. Envío amabilidad, amor y dicha a todas las personas; y sé que la bondad, la verdad y la belleza me siguen todos los días de mi vida, pues vivo en la Casa de Dios para siempre".

Transcurrieron tres semanas, y me escribió para informarme que por medio de la práctica de esta fase de las leyes mentales y espirituales había substituido su caótico estado mental hirviente por serenidad, tranquilidad y un sentido de imperturbalidad.

COMO SE ADQUIRIO UNA PRODUCTIVA ACTITUD FILOSOFICA HACIA LA GENTE

Tuve una interesante conversación con un hombre de negocios japonés en Hawaii, quien tenía la siguiente filosofía: "He estado en los negocios durante 50 años y he viajado extensamente. He aprendido que la gente es, en esencia, buena y honesta; acepto a la gente como es. Las personas son todas diferentes, tienen diferente educación y acondicionamiento; tienen costumbres y creencias religiosas diferentes; y son el resultado de su educación, capacitación y pensamientos habituales.

Estoy consciente de que quejarse de la gente y enojarse con los clientes no los hará cambiar. No permito que me molesten, no dejo que me exasperen. Bendigo a todos y sigo mi camino".

Cómo cobraba cuentas atrasadas

Me mostró una lista de diez clientes que le debían cantidades coonsiderables de dinero y que habían hecho caso omiso de sus diversas facturas. El manifestó: "He estado orando por cada uno, en la mañana y en la noche, comprendo que Dios prospera en ellos en todas las formas y que Dios los guía, dirige, y multiplica su bien. Oro para que cada uno pague sus cuentas de buena manera y para que sean honestos, sinceros y tengan todas las bendiciones. Hace un mes empecé a hacerlo; y ocho me han pagado y se disculparon por la tardanza. Faltan dos, sin embargo, sé que ellos también pagarán".

Descubrió que cuando cambió su actitud mental hacia los clientes morosos, ellos también cambiaron.

LA CLAVE PARA TENER RELACIONES FELICES

Trate a la gente con respeto; honre y salude a la Divinidad en el otro; irradie amor y buena voluntad hacia todos. Comprenda que una persona bien adaptada no actúa de manera adversa, pendenciera, hostil y arrogante. Entienda que existe un conflicto mental en alguna parte. Como dicen los kahunas: "Existe algo en su interior que los corroe". Hay algún dolor psíquico en algún lugar. Dios es el Ser verdadero de usted; no puede ser lastimado, contaminado o contrariado en forma alguna. Si usted encuentra personas difíciles en su vida, entréguelas a Dios, declare su libertad en Dios y permita que Dios los cuide. Entonces se encontrará usted en prados verdes y junto a aguas tranquilas.

PUNTOS DE ESTE CAPITULO PARA RECORDAR

1. Una de las causas principales por las que algunos hombres y mujeres no prosperan en su vida diaria es su incapacidad de congeniar con otros.
2. Comprenda que toda persona que camina sobre la tierra es hijo o hija de Dios. Conforme usted honra y respeta al Ser de Dios que se encuentra en su interior, automáticamente, honrará a la Presencia Divina en los demás.
3. Un mesero que atendía a un cliente grosero, malcriado y descortés y gruñón, comprendió que el hombre estaba mentalmente enfermo y en consecuencia, lo trató con amabilidad, cortesía y respeto. Cada vez que lo atendía, afirmaba: "Dios lo ama". La actitud del mesero derritió el hielo en el corazón de su cliente, lo que le redituó al mesero dividendos en promoción y riqueza.
4. Comprender todo es perdonar todo. Cuando usted entiende la causa del tumulto interno de los demás usted se vuelve más comprensivo. Usted está consciente de que él actúa como lo hace por su educación, adoctrinamiento y acondicionamiento.

5. Aprenda que nadie lo puede lastimar o irritar más que el mecanismo de sus propios pensamientos, que se encuentra bajo su completo control.
6. Fricción, tumulto interior y enojo interferirán con sus estudios y su memoria, puesto que la sabiduría de su mente profunda no aparecerá en la mente consciente mientras esta última esté tensa y hostil. Derrame amor y buena voluntad en los demás hasta que usted los encuentre en su mente y esté en paz.
7. La ira y el enojo intensos pueden causar ataques cardiacos y otros estados destructivos. Para neutralizar estas emociones nocivas, reflexione sobre las verdades del Salmo 91, y permita que se hundan en su mente subconsciente y así expulsará la hostilidad y la ira suprimida. Siga fiel a las verdades de Dios que se encuentra en su interior, y usted caminará en afabilidad y caminos de paz.
8. El primer paso a seguir para establecer buenas relaciones con la gente es buscar en su interior y prepreguntarse: "¿Será posible que la hostilidad y animosidad de los demás hacia mí reflejen mi propia hostilidad y frustración a gran grado?" Cambie usted y cambiará su relación con las personas.
9. Siempre está funcionando una ley de causa y efecto. El ánimo que usted genera regresa a usted en las reacciones de las personas y en condiciones y eventos en su vida.
10. Aprenda a aceptar a la gente como es y no trate de cambiarla. Las personas actúan de acuerdo con su educación, acondicionamiento y forma habitual de pensar. Bendígalas y siga su camino.
11. Si las personas le deben dinero, ore por su prosperidad, éxito y felicidad. Comprenda que son honestas, sinceras y pagarán sus deudas en orden Divino.
12. La clave para tener relaciones armoniosas con la gente es tener un respeto saludable y reverente por la Divinidad que se encuentra en su interior y al

mismo tiempo saludar y respetar a la Divinidad en la otra persona.

13. Si es muy difícil congeniar con una persona, entréguela a Dios en forma total y declare su libertad en Dios. El carácter desagradable desaparecerá de su experiencia. "*Determinarás asimismo una cosa, y te será firme...*" (Job 22:28).

DIECIOCHO

LAS VENTAJAS DE VIAJAR CON DIOS

Recientemente, realicé una gira por Europa, visité Portugal, Francia, Inglaterra e Irlanda, para impartir conferencias. A medida que viajaba hacia el este de California, al aterrizar el avión en la ciudad de Nueva York, me encontré con un viejo amigo, Jack Treadwell, autor del popular libro "*Las Leyes del Magnetismo Mental*"[1] Me contó acerca de un hombre de edad madura, del hotel donde se hospedaba, que había estado lisiado por la artritis. Le recomendó que probara la terapia de la oración y le proporcionó una oración especial: "El Amor de Curación de Dios transforma ahora cada átomo de mi ser en un patrón de Dios de integridad, belleza y perfección".

Este hombre afirmaba estas verdades durante diez o quince minutos diarios. Al cabo de un mes caminaba libre, dichosa y fácilmente; fueron eliminados todos los depósitos calcáreos que causan artritis. El había decidido viajar con Dios en forma mental, espiritual y física.

No hay nada milagroso en esta curación. La Presencia Infinita de Curación que creó su cuerpo siempre había estado en su interior, sin embargo, él no la había utilizado. Jack Treadwell le enseñó cómo despertar este don de Dios en su interior. Este es el significado de la Biblia cuando dice: *"Por lo cual te aconsejo que avives el fuego del don de Dios que está en ti. . ."* (II Timoteo 1:6). Cuando usted camina, habla y viaja con Dios, todo lo que no se parece a Dios se disuelve en su mente, cuerpo y circunstancias.

1 Jack Treadwell, Las Leyes del Magnetismo Mental (West Nyack, Nueva York: Compañía Editorial Parker S. A., 1965).

COMO VIAJAR CON DIOS

Cada vez que viajo o realizo una gira de conferencias, oro de la siguiente manera: "Mi viaje es el viaje de Dios y todos sus caminos son afables y todos sus senderos son paz. Viajo bajo la orientación de Dios y el Espíritu Santo me dirige. Mi carretera es el Camino Real de los Antiguos, el sendero intermedio de Buda, y el paso derecho y angosto de Jesús, la Carretera del Rey, pues yo soy el Rey de mis pensamientos, sentimientos y emociones. Envío a mis mensajeros llamados amor, paz, luz y belleza de Dios delante de mí para que mi camino sea recto, dichoso, hermoso y feliz. Siempre viajo con Dios y en todos lados encuentro a sus mensajeros de paz y dicha. Estoy consciente de que con mis ojos en Dios, no existe maldad en mi vereda.

Cuando viajo por avión, en autobús, en tren, en automóvil o camino, el encanto de Dios siempre me rodea. Es la armadura invisible de Dios y yo me traslado de un punto a otro libre, dichosa y amorosamente. El Espíritu de Dios está conmigo y prepara todos los senderos tanto arriba en los cielos como abajo en la tierra para convertirlos en una carretera para mi Dios. ¡Es maravilloso!"

La razón por la cual muchos parecen llevar una vida encantada

Le he proporcionado la oración anterior a cientos de personas que viajan al extranjero, y ellos, en realidad, llevan una vida encantada y saturan sus mentes y sus corazones con las verdades antes mencionadas, las cuales se hunden en su mente subconsciente y su mente más profunda responde en consecuencia. *"Tu fe te ha salvado, vé en paz"* (San Lucas 7:50).

¿PUEDE USTED CREER EN MILAGROS?

Después de salir de Nueva York, mi primera parada fue Lisboa. Portugal es una tierra de montañas escarpadas, praderas ondulantes, granjas de alcornoques y aldeas del

Siglo XIII y XIV. Renté un automóvil con un guía especial y junto con una sobrina de Liverpool, viajamos al Santuario de Fátima. Nuestro guía nos contó la historia de Fátima y afirmó que la Santísima Virgen se les había aparecido a tres niños el trece de mayo de 1917; sus nombres eran Lucía, Francisco y Jacinta. Un repentino relámpago rodeó a los niños, y cuando ellos miraron hacia el árbol, vieron sobre éste la figura de "Nuestra Señora" más brillante que el sol. Lucía le había preguntado a la Señora quién era, y la respuesta fue: "Yo vengo del Cielo. Regresen seis veces a esta hora el día 13 de cada mes".

A los niños los molestaron y acusaron de mentir; sin embargo, miles de personas les creyeron. No obstante, sólo los niños pudieron ver a la Santísima Virgen. Los enfermos fueron curados y milagros de curación ocurrieron en la supuesta ubicación donde se apareció "la Señora".

La aparición final de "Nuestra Señora" se realizó el trece de octubre. Estaba lloviendo y un relámpago anunció que la Santísima Virgen había aparecido; profetizó que pronto terminaría la guerra, entonces en el tercer año, y también hizo otras declaraciones proféticas. Nuestro guía informó que ese día, aproximadamente 40,000 personas habían sido testigos del baile del sol. Había dejado de llover repentinamente, y todas las personas cayeron de rodillas pues habían visto al sol rodeado de una corona brillante, explotando y girando como una girándula de fuegos artificiales.

Observamos una curación

Visitamos la Capilla de las Apariciones. Nuestro guía señaló a una mujer cuya pierna derecha estaba paralizada; usaba muletas y la acompañaba su hijo. Nuestro guía interpretó su oración, del portugués, de la siguiente manera: "Cuando me arrodille en el lugar donde apareció la Virgen estaré curada, alabado sea Dios". La observamos cuando se postró con una rodilla, tenía un rosario en la mano. Oró fervientemente a la Virgen y después de alrededor de quince minutos, contemplamos cómo se puso de pie y caminó, con lágrimas de dicha en los ojos, libremente, hacia afuera de la capilla. La Biblia dice: *"Si puedes creer, al que cree todo le es posible"* (San Marcos 9:23).

EL SIGNIFICADO DE UN MILAGRO

Un milagro no es una violación de una ley natural. Un milagro no demuestra lo imposible, comprueba lo posible. Un milagro es algo que sucede cuando alguien introduce una ley más alta que las que se conocen, hasta ahora, por el hombre.

El motivo de su curación

La mujer antes mencionada fue curada por su creencia y por su esperanza. Ella tenía fe de que si tan solo podía estar en el lugar donde creía que había aparecido la Virgen, se curaría. ¡Su creencia liberó el poder de curación de su mente subconsciente! La ley de la vida es la ley de la creencia, y la fe puede resumirse brevemente como un pensamiento en su mente. Creer es aceptar algo como cierto. Lo que su mente consciente y que razona acepta como cierto engendra una reacción correspondiente en su mente subconsciente, la que es una con la Inteligencia Infinita que se encuentra en su interior. La fe o la creencia ciega de esta mujer la curó.

EL PODER INFINITO DE CURACION Y COMO EMPLEARLO

El método real de curación espiritual no radica en alguna magia como una varilla mágica, visitar templos, tocar reliquias, bañarse en ciertas aguas o besar los huesos de los santos, sino más bien se encuentra en la reacción mental del hombre a la Presencia Infinita de Curación que Mora en su Interior, la cual lo creó a él y a todas las cosas del mundo.

No es lo mismo curación espiritual que curación por fe

No es lo mismo curación espiritual que curación por fe. Un curandero por fe puede ser cualquier persona que cura sin ninguna comprensión o conocimiento científico de los poderes de la mente consciente y subconsciente. Puede afirmar que tiene algún don mágico para curar, y obtener resultados gracias a la fe ciega que la persona enferma tiene en sus poderes.

El terapista espiritual debe tener conocimiento de lo que está realizando y saber lo que está haciendo. Tiene confianza en la ley de curación. La ley de la mente es que cualquier cosa que imprima en su mente subconsciente será expresada de la misma manera, función, experiencia y hechos.

EL SIGNIFICADO DE LA APARICION DE LA SANTISIMA VIRGEN

A la Virgen se le asigna, con frecuencia, el nombre de María; la palabra latina "mare" quiere decir mar; la palabra "virgen" significa pura y "mare virgen" mar puro; lo que significa el aspecto femenino de Dios. A este aspecto femenino o mente subjetiva se le aludía, en simbolismos antiguos, como Isis, cuyo velo no podía levantar ningún hombre; como Sofía de los persas, Diana de los efesios y también era llamada Istar, Astarté, Milita y Maya, la madre de Buda. El término "Madre de Dios", se refiere, por lo común, a la Madona. Desde luego, Dios no tiene padre ni madre; Dios es el Principio de la vida que nunca nació y nunca morirá. "Madre de Dios" significa proteger, extender o nutrir lo que es bueno en su mente. Es una actitud mental. "Madre de Dios" o "Madona" o "Nuestra Señora" es un mito, el cual es una verdad psicológica proyectada que significa amor, belleza, orden, la mente que da a luz a Dios o a todas las cosas buenas.

¿Fueron las apariciones en Lourdes y Fátima creaciones subjetivas de la mente?

Si yo lo hipnotizara y mientras usted se encuentra en estado hipnótico, yo le sugiriera que cuando salga del trance usted verá a su abuela y le hablará y que ella hará declaraciones proféticas para usted y para el mundo, su mente subconsciente proyectaría la imagen de su abuela, y usted la vería y hablaría con ella. Su subconsciente pronunciaría predicciones y profecías basadas en la naturaleza de mi sugerencia. Recuerde, existe un recuerdo de la imagen de su abuela en su mente subconsciente. No sería su verdadera abuela, quien, sin duda alguna, está ocupada en la siguiente dimensión de la vida. Usted estaría experimentando, sencillamente, una alucinación subjetiva. Las otras perosnas que se encontrasen presentes en el cuarto donde usted fuera hipnotizado no verían a su abuela; usted sería el único capaz de ver su imagen mental proyectada. En Fátima se informó que sólo los niños vieron a la Virgen; la multitud no la vio.

La visión de Bernardette en Lourdes

De acuerdo con algunas autoridades, la vida de Bernadette cuando era pequeña fue solitaria. Sufría de ataques asmáticos y estaba emocionalmente inhibida. La excitación y la esperanza de su mente que quería ver a "Nuestra Señora" actuó como una sugerencia hipnótica, y su mente subconsciente proyectó una imagen de una mujer que se parecía a la estatua de su iglesia o a la ilustración de la Virgen en su libro de oraciones. Sus experiencias parecían estar proyectadas desde el interior de su propia mente. Las alucinaciones se basan en el acondicionamiento de su mente. Cualquier persona que desee fervientemente ver un santo puede acondicionar su subconsciente para ver su concepto de la Virgen María o cualquier otro personaje, basado en estatuas, ilustraciones de un libro de oración, o pinturas de los mismos.

POR QUE SE REALIZAN PROFECIAS

La Señora de Fátima les dijo a Jacinta y a Francisca que morirían de gripe y a Lucía que se convertiría en monja; todo esto sucedió. Recuerde, su futuro ya se encuentra en su mente y un psíquico o médium capaz también puede pronosticar su futuro con bastante exactitud. Su futuro es su actual estado mental que se ha manifestado, sin embargo, por medio de la oración usted puede cambiar el futuro si piensa desde el punto de vista de principios universales. Cambie su vida de pensamientos para que concuerden con armonía, salud, paz, amor, acción correcta, y ley y orden Divinos y todos sus caminos serán afables y todos sus senderos serán paz. Entonces, no podrá suceder ningún pronóstico negativo. En este caso, fue el propio subconsciente de los niños el que dirigió estas predicciones para que se convirtieran en realidad.

La base de los milagros como se observa en Europa

Durante mi viaje a París hubo turbulencia, conflictos y tumultos, sin embargo, la Dra. Mary Sterling y sus asociados me recibieron muy bien. Ella es la Directora de Unite Universelle, 22 Rue De Douai, París, y ha traducido muchos de mis libros al francés. Tiene un grupo de oración en su centro y ellos logran impresionantes curaciones y respuestas a la oración. Recibe peticiones de toda Francia. Pronuncié un discurso ante un numeroso y distinguido grupo de hombres y mujeres en ese lugar y recibí una ovación memorable.

La base de una curación de ceguera

Una joven que asistió a una de mis conferencias en París me visitó en el Hotel Napoleón para consultarme acerca de un problema emocional, y en el transcurso de la conversación manifestó que recién llegada a París de una provincia fue contratada como costurera. Sus patrones eran crueles y malos con ella, por lo que estaba muy resentida con ellos y posteriormente, comenzó a perder la visión. Acudió al oftalmólogo y él sugirió que abandonara la costura y regresara a la provincia. Ella rehusó y su vista empeoró; fue a ver a un doctor local, quien le aconsejó que renunciara a su puesto y buscara otro empleo pues su mente subconsciente se negaba a ver los desagradables alrededores y a sus patrones. Eso fue lo que hizo; encontró otro empleo donde se sentía feliz y gradualmente recuperó la visión.

Me informó que ella, en realidad, no quería ver a sus patrones anteriores. Entonces, desde luego, su subconsciente respondió pues se encargó de que ella no los viera a ellos ni sus alrededores. Por fin aprendió a bendecir a sus patrones anteriores y a seguir su camino.

Cuando se está perdiendo la vista, uno debe preguntarse a sí mismo por qué su mente subconsciente hace que sus ojos sean el chivo expiatorio. ¿Qué está sucediendo en su vida que usted desea excluir o se niega a ver? La contestación se encuentra en su interior, así como la solución.

Su compañero divino salvó su vida

Una reportera francesa me recibió en el Aeropuerto de Orly, pues los coches de alquiler en París estaban en huelga. Ella es una vieja amiga mía. y constantemente usa la misma oración que yo empleo cuando viajo y la cual está incluida en la primera parte de este capítulo. Ella comentó que esta oración especial era una parte tan importante de ella como su cabello.

El año pasado estaba próxima a salir de viaje a Africa del Norte, Grecia y otros países del Mediterráneo. Me relató que una noche, yo me le aparecí en un sueño y le recomendé que esperara, que pospusiera el viaje, porque el avión en el que pensaba viajar iba a sufrir una catástrofe; canceló el viaje y el avión en cuestión se estrelló. Manifestó que ella comprendió la manera en que su mente funciona; es decir, su mente subconsciente proyectó una imagen de una persona en la que confiaba y a la cual obedecería. En realidad, la Presencia de Dios que se encuentra en su interior la protegió. Su Compañero Divino la cuida en todos sus caminos. Esta es la Presencia de Dios en todos nosotros. "*...Yo, Jehová, le apareceré en visión, en sueños hablaré con él*" (Números 12:6).

COMO EMPLEAR EL PODER DE SU MENTE SUBCONSCIENTE PARA GANAR UNA FORTUNA

La Dra. Mary Sterling me informó que la venta de su traducción al francés del libro "*El Poder de su Mente Subconciente*"[2] ha excedido todas las esperanzas y que una gran cantidad de cartas le han llegado a su santuario en 22 Rue De Douai, París, las cuales dan testimonio de curaciones extraordinarias y respuestas a oraciones. Un parisino me informó que ha hecho una fortuna siguiendo la técnica delineada en la edición francesa de mi libro, al afirmar durante aproximadamente diez minutos antes de dormir: "La riqueza es mía; la riqueza es mía, ahora", una y otra vez hasta que se queda dormido. Tuvo éxito en impregnar su mente por medio de la repetición y comentó que todo lo que tocaba parecía ser el toque de Midas, ha ganado una fortuna. En una ocasión, ganó una lotería de $60,000 en dinero norteamericano. El cree, sinceramente, en el poder de su subconsciente para guiarlo, dirigirlo, curarlo e inspirarlo, el cual le respondió en consecuencia a su creencia.

SIEMPRE HAY UNA RESPUESTA

Mientras viajaba a Londres desde París para impartir una serie de conferencias en Caxton Hall en Londres para después dirigirme a Bournemouth, un lugar de recreo en la costa en el Sur de Inglaterra, una muchacha francesa que estaba sentada a mi lado comentó: "Viajo a Londres a escuchar sus conferencias, puesto que quiero saber más sobre los poderes de mi mente. Durante uno de sus discursos en

2 Joseph Murphy, El Poder de Su Mente Subconsciente (Englewood Cliffs, N. J.: Prentice-Hall, Inc., 1963).

París, usted dijo que lo que se imprime en su mente subconsciente es expresado y logrado". Luego agregó que decidió: "Voy a Londres en orden Divino para escuchar una serie de conferencias impartidas por el Dr. Murphy y todo me lo proporcionará mi mente más profunda". Resultó que ella platicó con su hermano, un médico de París, acerca de su interés en la mente subconsciente y él le preguntó: "Hermana ¿por qué no vas a Londres para escuchar la serie de conferencias?" Le dio aproximadamente dos mil francos, más que suficiente para el viaje. Con anterioridad, ella había pensado que su hermano no estaba de acuerdo con esta enseñanza.

Las modalidades de su subconsciente se encuentran más allá de la comprensión. Ella descubrió, como lo han hecho otras miles de personas, que siempre hay una respuesta... *"Buscad y encontrareis, llamad y se os abrirá"* (Mat. 7:7). Puedo agregar que esta joven asistía a la escuela y no contaba con dinero propio.

Cómo una persona en Inglaterra ganó tres veces la carrera anual de caballos

Durante una de mis conferencias en Caxton Hall, en Londres donde he pronunciado una serie de conferencias aproximadamente cada dos años en los últimos veinte años, un área donde tengo muchos amigos, un joven me comentó: "Espero que usted no piense que empleo mi mente en forma incorrecta, pero tres meses antes de la carrera anual de caballos, todas las noches afirmo antes de dormir 'el ganador de la carrera de caballos', y me quedo dormido con una palabra 'ganador' pues sé que mi subconsciente me revelará la respuesta". Durante tres años consecutivos ha visto al ganador en un sueño, la noche antes de la carrera, y el año pasado apostó mil libras, lo que le ganó una apreciable cantidad de dinero. Su subconsciente respondió a su fe en sus poderes. Su avance de la carrera se llama precognición, la cual es una facultad de la mente.

Le expliqué que el subconsciente es amoral; es la ley y la ley no es buena ni mala; depende como usted la usa.

No tiene nada de malo ver las preguntas de un examen en su subconsciente, antes de tomarlo; tampoco tiene nada de malo ver a un ganador en una carrera de perros o de caballos. Existe únicamente una mente subjetiva, y se encuentra en el perro, el gato y también en todas las demás cosas.

COMO SE CURO UN BRAZO ULCERADO CUANDO SE ANULO UN SENTIMIENTO DE CULPABILIDAD

Un joven cirujano me visitó en el Hotel St. Ermine cerca de Caxton Hall, un salón de conferencias. Acababa de escuchar una de mis conferencias sobre "Por qué usted puede ser curado". Me mostró su brazo que estaba seriamente ulcerado. Había sido sometido a todas las formas de terapia sin resultado alguno, las úlceras no reaccionaban. Le pregunté qué había hecho con su mano derecha que pudo haber causado un sentimiento de culpabilidad, y él contestó con honestidad y tristeza: "Cuando era interno realicé diversos abortos por razones económicas. De acuerdo con mi religión eso es asesinato, me siento culpable y estoy lleno de remordimiento". Le pregunté: "¿Haría eso ahora?" El contestó: "Desde luego que no; en la actualidad, ayudo a la gente para que se cure".

Le indiqué que él se estaba castigando a sí mismo; que el hombre que había realizado esas operaciones ya no existía, puesto que cada átomo de su cuerpo cambia cada once meses. Además, él había cambiado por completo mental, emocional y espiritualmente y condenaba, en realidad, a un hombre inocente. Dios no condena a nadie, y cuando nos perdonamos a nosotros mismos, somos perdonados. La autocondena es, en realidad, un infierno, el autoperdón es el cielo.

Este cirujano, de inmediato, estuvo de acuerdo con mi punto de vista; el pasado estaba muerto; se sintió inocente. Antes de terminar mis conferencias de esa semana, me mostró su brazo y su mano, los cuales ya estaban completamente curados y sanos. Pablo dijo: "*...pero una cosa hago, olvidando ciertamente lo que queda atrás, y extendiéndome a lo que está delante, prosigo a la meta,* *al premio. . .*" (Filipenses 3:13.14).

"Kevin de los milagros"

Se conoce Glendaloch en Irlanda, tradicionalmente, como el lugar de las "Siete Iglesias." San Kevin vivió ahí, alrededor de cuatro años, en una auteridad increible, se alimentaba de hierbas, raíces y bayas que se encuentra en la localidad. Nació en 498 y murió en 618. Es llamado "Kevin de los Milagros".

Una piedra golpeó en un ojo, por accidente, a un granjero de la localidad. El hombre perdió la visión del ojo afectado y sufrió de dolor indescriptible. San Kevin tocó el ojo herido, e invocó en forma ferviente a Dios. De inmediato, sanó la herida, dejó de salir sangre y el dolor desapareció; la visión fue restaurada. Se dice que este milagro fue presenciado por muchos miembros de la comunidad quienes, como resultado, fueron incitados a la virtud.

Un lugar de peregrinación

Una parte esencial de la peregrinación a Glendaloch es visitar la cama de San Kevin. La cama es una cavidad en la roca que se encuentra a aproximadamente treinta pies sobre el nivel del agua. Existe una promesa tradicional para aquellos que logran llegar hasta la cama de San Kevin, pues se dice que su deseo más preciado se realizará. También se otorgará un deseo extra a aquellas personas que decidan sentarse en la silla de San Kevin.

Mi hermana me acompañó en esta peregrinación al lugar de San Kevin, y platicamos con una mujer de Killarney que también se encontraba ahí. Contó que hace algunos años padecía de cáncer en fase avanzada; su guía la había ayudado a llegar hasta la cama en la roca y que en ese lugar le había rezado a San Kevin. Unos días después, se sintió curada, y sus doctores, después de hacerle una biopsia y someterla a exámenes con rayos X, diagnosticaron que estaba libre de cáncer. Indicó que esto sucedió hace cinco años y que en la actualidad, es fuerte y goza de vitalidad y buena salud.

El pozo de San Kevin

Una multitud de turistas se encontraba alrededor del pozo. El guía señaló hendiduras de cinco dedos, supuestamente de San Kevin, en la roca. A los visitantes les indicaban que colocaran su mano (izquierda) en la roca, y ajustaran los dedos, con exactitud, en las fisuras, y luego la metieran al pozo que se encontraba a un lado y al mismo tiempo hicieran una súplica o rezaran en forma específica. La creencia tradicional es que el deseo será otorgado por medio de la intervención de San Kevin.

Cómo se realizó la curación de su mano artrítica

Un hombre maduro se encontraba cerca de la roca y nos contó que hace tres años su mano estaba lesionada por la atritis, a tal grado que estaba deforme. Siguió las instrucciones y colocó su mano en la roca y luego en el pozo, y le pidió a San Kevin que lo curara. Manifestó "Me curé, vea mis manos ahora". Estaban en perfectas condiciones.

¿COMO SE REALIZAN ESTAS CURACIONES?

Emerson dice: "Existe una mente que le es común a todos los individuos. Cada hombre es una entrada a la misma y para todos es igual. Una vez que alguien es admitido al derecho de la razón se convierte en un hombre libre totalmente. Lo que Platón ha pensado, él puede pensar; lo que un santo ha sentido, él puede sentir; lo que le ha sucedido a cualquier hombre en cualquier momento, él puede comprenderlo. El que tiene acceso a esta mente universal es parte de todo lo que es o puede hacerse, puesto que ésta es el único agente soberano".

Por ejemplo, si un electricista está buscando soluciones para problemas eléctricos o electrónicos, toda la tentativa, habilidad, investigación, descubrimientos y sabiduría de Edison, Faraday, Marconi y otras personas se encuentran almacenados en la mente universal y todos pueden ponerse en armonía con su conocimiento y sabiduría. Cualquier música que ha sido tocada por Bach, Beethoven o Brahms está acumulada y depositada en la mente subjetiva universal, la cuàl nos anima a todos. Culaquier músico puede ponerse en armonía y aprovechar este depósito, el cual está, instantáneamente, al alcance de todos. Los santos que son mencionados en la literatura religiosa son hombres y mujeres quienes se elevaron sobre sus problemas y se apropiaron de más Divinidad que los demás. Se elevaron a un punto más alto de conciencia espiritual, y sus conocimientos de curación y su victoria sobre todo tipo de enfermedades mentales y físicas están depositadas en el banco universal, con el nombre de mente subconsciente universal.

Por lo tanto, cuando el irlandés oró a San Kevin, su imaginación se excitó, su conciencia se elevó en fe y esperanza y él se puso en armonía con las vibraciones de curación que siempre están presentes en la mente universal. Su oración funcionó para él porque su mente estaba llena de fe y esperanza. Su profunda devoción, que fue total, se imprimió en su mente subconsciente y siguió la curación.

Cuando usted enfoca su atención en algo durante suficiente tiempo para que se imprima en su subconsciente, esto, a su vez, ocurrirá en su experiencia. Esto explica la realización de los llamados milagros en la roca y el pozo de San Kevin.

La Biblia dice: "*Y todo lo que pidiereis en oración, creyendo, lo recibiréis*" (San Mateo 21:22). "*Jesús le dijo: Si puedes creer, al que cree todo le es posible*" (San Marcos 9:23).

PUNTOS DE ESTE CAPITULO PARA RECORDAR

1. El Amor Curativo de Dios puede disolver, literalmente, en su mente y en su cuerpo todo lo que no

se le parezca. El amor es el disolvente universal. El don de Dios que se encuentra en su interior es la Presencia Infinita de Curación, la cual es el único poder de curación que existe.

2. Usted viaja con Dios si afirma que los mensajeros de paz, amor, luz, y belleza lo anteceden para hacer que su camino sea recto, glorioso, dichoso y feliz. Esté consciente de que el amor de Dios lo rodea tanto arriba en los cielos como abajo en la tierra, convirtiendo todos los caminos en carreteras seguras.
3. La aparición de la Santísima Virgen en el Santuario de Fátima y en otros lugares es sencillamente una dramatización de la mente subconsciente de los niños que afirmaron que la vieron en una túnica blanca en un árbol. La Virgen en cuestión se parece a la ilustración de su libro de oraciones o, con toda posibilidad, a la estatua que vieron en la iglesia. Es un símbolo universal del aspecto femenino de Dios o del Amor Divino.
4. La gente en todo el mundo es curada en los diversos santuarios, como los templos Shinto, las casas de devoción de Buda, Lourdes y Fátima, además de muchos otros lugares. No son las aguas, ni el santuario, ni las reliquias los que realizan los llamados milagros, sino la fe firme, la creencia y una gran esperanza junto con una imaginación excitada, todo lo cual, cuando se prolonga durante cierto período, impregna la mente subconsciente y libera el poder Infinito de curación del subconsciente, el único poder de curación que existe.
5. Un milagro no es una violación de una ley natural. Un milagro no demuestra lo imposible, comprueba lo posible. Es la respuesta de su mente subconsciente a su creencia.
6. No es lo mismo curación espiritual que curación por fe. Por ejemplo, cualquier cosa que hace que su mente cambie el temor por la fe, como una creencia en los huesos de los santos, reliquias, aguas

sagradas, etc., puede resultar en una curación. La curación espiritual es la interacción armoniosa de su mente consciente e inconsciente, dirigida científicamente. Lo que en reaelidad realizó la curación es la creencia en sí, no la cosa en lo que se tiene fe, como un santuario, reliquia, etc.

7. Las apariciones de la "Señora", supuestamente vistas en Fátima, Lourdes, Irlanda y otros lugares, son experiencias subjetivas inducidas por excitación, esperanza y autosugestión, las cuales impulsan a su mente subconsiente a proyectar una imagen que concuerde con el patrón registrado en la mente subconsciente del creyente.
8. El futuro ya se encuentra en nuestras mentes y puede ser visto por un clarividente o un buen psíquico; al igual que el destino de una nación. Sin embargo, conforme el hombre aprende a orar, puede anular cualquier suceso negativo que ahora se encuentra en su mente. Su futuro es su pensamiento actual en manifestación. Cambie su forma de pensar y usted cambia su destino.
9. Cuando usted está perdiendo la vista debe preguntarse a sí mismo la razón por la que su subconsciente elige la vista como chivo expiatorio. ¿Qué desea usted excluir de su mundo? Si corrige esta situación, inmediatamente, seguirá una curación.
10. Cuando usted ora para pedir orientación y acción correcta, y siente y está consciente de que el Amor de Dios lo rodea en todo momento y que Dios camina y habla en usted, con frecuencia, le aparecerá una advertencia en un sueño; usted debe obedecer a la visión interna. Usted está viendo el evento antes que éste suceda y usted lo puede evitar.
11. Una manera de impregnar su subconsciente para adquirir riqueza es quedarse dormido todas las noches con las palabras: "La riqueza es mía ahora". Sucederán maravillas en su vida y usted descubrirá que su fe en su subconsciente es su fortuna.
12. Sólo su subconsciente conoce la respuesta. Si usted

no tiene ni un centavo en su bolsa y quiere salir de viaje, mande la petición a su mente subconsciente de la siguiente manera: "Me voy de viaje a ... en orden Divino y me proporcionan ahora todo lo que necesito." Tenga fe y acepte lo que dice como cierto y acontecerá.

13. Un hombre en Londres ganó dinero en las carreras anuales de caballos durante tres años consecutivos; se quedaba dormido todas las noches, tres meses antes de la carrera, concentrándose en una palabra: "ganador". Su subconsciente es totalmente sabio y respondió a la creencia en sus poderes.
14. Un brazo ulcerado no podía curarse hasta que la víctima decidió perdonarse a sí mismo y liberarse. En el momento en que dejó de autocondenarse siguió su curación.
15. Existe una mente universal. Toda la música que ha sido tocada por muchos músicos se encuentra depositada en la mente universal y puede ser aprovechada por cualquier persona. Todos los santos que han triunfado sobre los problemas, dificultades y enfermedades de todo tipo en el mundo también han depositado sus experiencias y estado de conciencia en la mente universal. Toda la sabiduría de Einstein, Faraday, Edison y Marconi está depositada en el banco universal de nuestra mente y puede ser aprovechada por cualquiera que esté interesado er buscar respuestas. Todo lo que esta persona tiene que hacer es ponerse en armonía. Cuando usted se eleva en su conciencia a suficiente altura, la respuesta a su oración llegará: *"Y yo, si fuere levantado de la tierra, a todos atraeré* (manifestación) *a mí mismo*" (San Juan 2:23).

INDICE

El Poder Infinito para Vivir Mejor
se terminó de imprimir en
noviembre de 2022.